欣梦享
ENJOY LIVING

人生是旷野，不是轨道

于靖平 著

江苏凤凰文艺出版社
JIANGSU PHOENIX LITERATURE AND ART PUBLISHING

先占领，再优化。

先占领，再优化。

希望这本书能陪你，

将人生，从入门走向精通。

序言

哈喽，大家好，我是于同学，很高兴以另一种形式和大家交流。

其实，这本书断断续续拖了快两年。在这两年里，我的人生也一直发生着巨大的变化。我是一个喜欢变化的人，喜欢新鲜的事物，喜欢认识陌生的人，与之相对应的是，我不喜欢枯燥的生活。在我的人生中，曾有过无数次的机会可以选择一眼就能看到头的生活，但是我一次又一次地放弃了。时至今日，我也没有后悔过。

人有时候要坚定一点。我认识很多人，其中不少人在面临选择的时候，都是既想要这个，又想要那个，便宜全都想占，一点亏都不想吃，那肯定不行。我们要分清自己要什么，需要放弃什么。从个人发展的角度来说也是这样。如果你想要稳定，就要接受生活的枯燥无聊；假如你想要每天迎接挑战，那么在接受挑战带来的机遇之外，自然也要承担其带来的风险。

我从不会主动劝一个人改变自己的生活轨迹，因为没人知道什么才是最适合他的路。没错，每个人的路没有绝对的好坏之分，只有适合与否，婚姻、家庭、工作、交友也都是一样。对我而言，我更偏向于去追寻有挑战的生活。在这本书里，你可以或多或少地体验到另一种生活。

人生就是这样，有无数的选择，无数的岔路口，指向了无数个结局，就像漫威电影里的平行世界。你可以向任何一个地方奔跑，人生是旷野，不是轨道，我非常认同这句话，并将这句话作为这本书的书名。每次想到这句话，我都会涌起一股身心开阔甚至想要奔跑的感受，也希望大家在看这本书的时候，能够放下心里的烦心事，更多地去思考人生，以及成长。

接下来，让我们一起去经历、去成长吧。

祝你家庭幸福，事业有成，身体健康，事事顺心，更要祝你快乐，我的朋友。

目录

c o n t e n t s

第一阶 求学

寒门出贵子的不二途径

第二阶 眼界

思维破局，路更宽广

第三阶 创业

先占领，再优化

第四阶 扩大

接住流量，守住原则

第五阶 婚姻

亏妻百财不入，亏心天地不容

号外 观察

小于说事

彩蛋

第一阶

求学

寒门出贵子的不二途径

人生没有白走的路，也没有白学的东西，
有些人觉得如今学历贬值，
但我认为学历只是人生中的一个台阶，
你要顺着它继续往上走。

小镇做题家

“小镇做题家”，通常指出生于小城市或县城，因为善于做题而取得不错的高考成绩，但由于缺乏人脉、背景，以及其他突出能力，反而在社会上得不到大众的认可，只能平凡度过一生的人。

“小镇做题家”这个称呼，本是这个群体的自嘲，却不想被一些人拿来形容那些出身低微，仍依靠自己的努力，不断向上的人。

我本身也是个“小镇做题家”，我太了解这个群体了。

首先，“小镇做题家”出身平凡，我在之前的短视频里说过，我父母所谓的人脉和资源出了县城后几乎为零，可是我的高考分数、所上的大学，以及父母和亲戚的期望，又不允许我毕业后再回到县城。

就拿东北举例，东三省的家长都以子女在外地为荣。老哥俩在一处聊天，如果说“我儿子在北京”“我姑娘在上海”，这就代表着厉害，是家庭的骄傲，没人管他们在北京、上海混得怎么样，活得累不累；但如果是“我儿子回老家了，娶妻生子，安居乐业了”，那就代表着没出息，说话的人气先短了，听的人会假装安慰道：“那挺好的，离家近。”

尤其是对学习成绩好的人，亲友们会先入为主，认为你在外面怎么可能混不出样儿来？在他们的认知里，这根本不可能啊。可是在北上广深这种超一线城市，“小镇做题家”是很难混出头的。首先面临的问题是房子，即便父母把县城的房子卖了，想用那笔钱给孩子在北京买房，恐怕连买个厕所的钱都不够。然而坦白地说，“小镇做题家”本身很难有挣大钱的能力，只能老老实实地上班，赚着死工资，那是很难买得起房的。实质上，这就是负利率资本对城市劳动力的剥削。

换句话说，作为一个“小镇做题家”，你努力工作，一个月赚到的工资甚至比不上一套房子的月租。因此，“小镇做题家”很难在北上广深靠自己的工资买得起房，这就造成了“北上广容不下肉体，小县城容不下灵魂”的窘境。

“小镇做题家”是一群什么样的人？那是一群从小被光环笼罩的人，是同学中最优秀的一批人，是在夸奖和羡慕中长大的人。

我们克制欲望，努力学习，那是因为所有人都告诉我们，只有好好学习，才能有出息，才能走出这里。当我们通过日复一日的努力，终于在高考的时候，考出全班、全市，甚至全省名列前茅的成绩，我们无比自豪。升学宴上，我们举杯欢庆，我们以为人生的高光时刻即将到来，却未曾想过，人生的高光时刻在那一刻竟然已经结束了，后来的日子真是无趣、无聊，又普通，所以我后来常常会从梦中惊醒。

我害怕自己即将过完这普通而平凡的一生，所以我不停地折腾。作为一个“小镇做题家”，只能依靠自己，只能不断努力。因为没有选择的权利，我只是个来自小地方的普通人，只能依靠自己的努力去做出改变。

但在我的认知里，所有通过努力来改变命运、创造美好生活的人，都不应该被嘲讽。

诚然，野草在出生那天就注定了它不会成长为参天大树，但它仍然会拼命地汲取养分，哪怕是在沙粒中，哪怕是在石缝里，哪怕看不到太阳，它也要茁壮地成长，放肆地成长。它相信努力是有意义的，也不在乎被人嘲讽出身差，它就是要当一棵挺拔的野草。

加油，“小镇做题家”，我们拥有着野草般的生命力。

收废品和卖零食的童年

我出生在吉林省一个叫桦甸的小县城。这里在古代叫桦皮甸子，意思是，全是桦树的草甸子。

这里四周是山，从桦甸通往长春市只有一条路。这里没有火车，没有高速公路，当然也没有支柱产业。简单点说，桦甸很偏远，也十分落后。

桦甸人历代靠什么讨生活呢？这里最有名的是金矿。但我家里没有矿，我家是收废品的。不仅是我家，我爷爷奶奶家、二大爷家、二姑家、三姑家、老姑家，全都是收废品的。也不知道这个营生是从爷爷辈开始的，还是哪个亲戚家先干起来的，反正从我记事起，全家就都在收废品了。

收废品这个行业接触的人比较多，而且基本上都是穷苦人，除了收废品的小商贩会定期把收到的废品卖给我们，还有很多散户，就是那些捡废品的拾荒者。他们中有孤寡老人，有残障人士，我印象中有好几个人是哑巴。为了区分他们，我就按年龄称呼他们为大哑巴、二哑巴、三哑巴、四哑巴，我小时候长得虎头虎脑的，性格也很开朗，他们都挺喜欢我的，所以对我这么称呼他们也不介意。

除了服务散户，我还兼任小管家，负责看家护院。因为收的废品就堆在门口和院子里，我的父母常常来不及整理。而一些拾荒者的头脑比较简单，拾着拾着就拾到我家门口，他们以为，堆着的废品是没人要的，就想捡几件回去，此时我就会上前制止，保护家业。

我在童年时打交道最多的，除了废铜烂铁、铝铜、塑料瓶之外，就是书本。**而我最喜欢的就是书。**

那时候，这个行业有个不成文的规矩，收完书本、报纸之后，我们会往里头浇点儿水，让它们更压秤，然后再拿到废品站售卖。我家浇得比较少，浇多了纸张就皱了，更何况书本本身就容易坏，坏了就没法卖了。于是，我就坐在书堆里，拿着小水管细细地浇，边浇边翻，晾晒一下。

这无形中就成了我的阅读时间，我一本本地翻看，碰到喜欢的就多看一会儿，像《意林》《读者》《故事会》，我在废书堆里看完了一本又一本。渐渐地，我不再满足于看杂志，就看更厚的书籍，比如《红楼梦》《三国演义》《资治通鉴》。那些书基本上都是文言文的，并不容易懂，但那个时候的我能接触的东西很少，诱惑也少，还以为图书就该是那样的，也就那么看了。边看边猜，我也能懂个七七八八。

我印象最深的是一本关于巴菲特的书，书里说，巴菲特小时候就很有商业头脑，六岁时就做成了第一单“生意”。一开始，他卖口香糖，赚了钱后又改卖利润更高的成箱的可口可乐，还向其他州的收藏家销售邮票，赚取了不错的利润。

巴菲特的故事给了我很大的启发，恰好我们家那时候收回来很多 1992 年巴塞罗那奥运会的纪念钢笔。**我看着一盒盒崭新的钢笔，就萌生了一个想法——卖掉它们**。第二天，我背了一麻袋的钢笔去了早市，摆了个小摊，拿张纸写上大大的三个字——“卖钢笔”，就开始了人生第一次销售。我的售价是：普通的钢笔 5 角 / 支，卖相好看的 1 元 / 支，仅用了一个早上就把带去的钢笔卖光了。这大大地鼓励了我，第二天、第三天早上我还去卖，直到把纪念钢笔全部卖完。挣了多少钱我现在已经忘了，但相较于论斤称的进货成本，我肯定赚到了。

上小学后，我的商业 DNA 又启动了。我发现班里的同学特别喜欢在课间时去小卖部买零食，但课间的休息时间很短，搞不好就迟到了。于是，我从批发市场进了一些受欢迎的零食，在班级里售卖。当时的生意特别好，一到课间，就有很多同学来光顾，甚至其他班的同学也来买。我不局限在本班，又在其他班里开了“加盟店”，设立不同的店长，挣的钱跟他们一起分，同学们的积极性都很高。

可以说，那个时候的我已经实现了零花钱自由，完全不需要跟家里要零花钱，每天过得可美了。

可就在我的小生意做得如火如荼的时候，被学校叫停了，理由是怕影响学习和学校的风气。于是，我的“小卖部”就关停了，富裕的童年生活也结束了。

他能考第一，我也能

上了初中后，我和我爸同时遭遇了危机。

我爸为了增加收入，决定扩大废品站的规模。他的想法很简单，以为规模翻倍，利润也能翻番。然而，桦甸总共才多少人啊，市场的天花板就那么高，新增的设备只能是徒增成本，不能带来更多的利润。我爸赔了不少钱，不仅赔了钱，还赔了他对收废品这个行业的信心。把家里的生意转手给我老姑以后，我爸就去内蒙古打工了。

我家的生意黄了，对我的直接影响是，我的货源也断了，再加上市场环境太紧张——学校不让干，我也就不干了，开始踏踏实实地学习。

此后，我爸变得很忙，一年只能回家一两次。而我变得很闲，靠着小聪明获得了中上等的成绩，课后无事可做，最常干的就是跟其他男生打打闹闹，基本上是三天一小打，五天一大打。

班主任是位男老师，像父亲一样关照我，管着我的学习。只要他管得严一点，我的考试成绩就会突飞猛进，他稍微放松点，就会回落下去，气得他直摇头。当然，更让他生气的还是我的调皮捣蛋，每次一听说我又打架了，即便已经放学，或者是正在吃饭，他也会起身来找我，离得老远就暴喝一声，作势要揍我。

都说男孩子开窍晚，一点也不假。我恐怕就属于男孩子里开窍比较晚的。在打打闹闹中，我上了高中，直到高二下学期，我才有了一丝开窍的迹象，玩心才有所收敛。当然，这也源于一个刺激。

对于一个十七岁的血气方刚的小伙子来说，最受不得的就是激将法。

那时，我的学习成绩波动很大。如果一段时间好好学习了，月考就能考进前几名，如果那段时间没好好学习，考试成绩就会滑落到班级第三四十名。跟坐过山车似的，非常刺激。我对此并不上心，也觉得无所谓。我的同桌学习非常刻苦，上课认真记笔记，那一本本的笔记恨不得比课本还厚，每天晚上，他也学习到半夜一两点。而我呢，别说是记笔记了，连个笔记本都没有，上课时还算是能好好听课，但只要听懂了，就不会再听了，还公然在课堂上写其他学科的作业。因为这样一来，放学之后我的作业都写完了，可以直奔球场打篮球。

高二下学期，同学们把所有精力都放在了学习上，我对篮球的热爱却有增无减。每天除了上课，就是打篮球，还经常打得筋疲力尽，上课时昏昏欲睡。就这样，又到了一次月考的时间，我喜提生物最低分——四十分。年轻的生物老师非常生气，训了我一顿，并让我给自己定个目标，下次考试要考到第几名。我不假思索地说，我要考全班第一。

生物老师一愣，不吱声了，半晌后才不可置信地笑出了声，仿佛听到了什么天大的笑话。然后，他挥挥手让我走了。那一刻，我心里的不服气腾地一下冒了出来。放学后，生物老师打车回家时捎上了我——他家和我家凑巧在同一栋楼里。在车里，他又问我，你想好了再说，下次月考想考第几名？我梗着脖子说，我就是要考全班第一。他说，行，你给我记住了。

很快，就迎来了生物的模拟考试，打脸时刻来临，我只考了七十分，离夸下的海口差了一大截。生物老师让我站起来，对全班同学说，我曾大言不惭地说自己要考多少名来着？我第一次感觉自尊心被按在地上摩擦。他继续说，谁都想考全班第一，但全班第一不是吹出来的。

我一下子被激了起来，说，咱们约好的是下一次月考吧，这只是随堂测验，还没到时间呢，你急什么？我说月考能考第一，就能考第一，等着吧。

于是，在接下来不到一个月的时间里，我玩了命地学习生物，不仅把生物书从头到尾翻了几遍，还买了四本厚厚的练习册，每天疯狂地刷题，直到把书里的每个知识点都能熟练掌握才作罢。那次的月考成绩，我的生物单科获得年级第一名，九十七分，所有题目全对，扣的那三分是因为字写得太丑了，扣的卷面分。

我给自己争了一口气，很高兴。谁知生物老师更高兴，他的激将法大获全胜，我们双赢了。后来，他当了班主任，还经常跟同学们讲发生在我身上的这个故事，如法炮制地激励着师弟师妹们的斗志。

这次拼尽全力的学习体验，如同向我混沌的内心投下了一块石子，我竟开始思考很多之前从来没想过的问题。父亲人到中年却背井离乡，去打工挣钱，供我上学，他的病越来越严重了，医生催促去做手术，他却怕影响我学习，一拖再拖。我已然是这个家里的男子汉了，以后这个家要靠我去挣钱来供养了。我感到自己肩头的担子一下子变得沉重了，十七岁的心里有了“担当”二字。

于是，我彻底收心，在正式踏入高三前的几个月，全身心地投入学习。看着班级月考成绩第一的那个名字，我在心里大声对自己说，**他能考第一，我也能！**

感激骨子里的要强

1

在 2023 年的高考之前，我想回忆一下我的高考故事。我是 2013 年参加高考的，正好十年了，那时候，我在班里既是班长，又是体委。班里一共六十多名学生，成绩好的时候我能排第五六名，不太好的时候则在第八九名。

整个高中生涯，我唯一一次考了全班第一，就是高考。人生就是这么奇妙，你平时可以输，但关键的时刻一定要赢。

我是怎么在高考时发挥得这么好呢？就两个字：**心态**。

高考前三天，我基本上就不和任何人说话了，我保持着极度的冷静。打过游戏的人知道，哪怕你技术再好，如果心态崩了，就很容易输，但如果你的心态足够好、足够冷静，哪怕被人推到水晶高地里，也能逆风翻盘。当时我的脑子里只有一个想法——要冷静。谁跟我说哪个知识点有多难，哪里还没学会，我都不应答，更不往心里去，只是专心做自己的事。

高考第一场是语文，非常凑巧的是，坐在我旁边的考生正好是我初中时的同桌。他是个学霸，每次考试都是年级第二，巧合的是，那年高考，他也考了年级第二。最后，高考分数出来，我的语文单科成绩也确实比他高。

我的弱势在哪儿呢？我的数学成绩不太好，这里说的“不好”的概念是，平时考试只能考一百二十多分、一百三十多分，基本上不了一百四十分，跟顶级学霸总是差着一道题的分数。高考考数学的时候，最后一道大题我干脆就没写，因为我想了三分钟，没想出解题思路，就干脆放弃了。利用那点时间，我去检查之前的题。因为我知道，这道大题的分数就不是我的，不能强求，但该是我的，我一定得拿到。最后，我检查出来两道错题，数学成绩还是一百三十多分。

考完所有科目后，我对完答案估分，就知道无论怎么扣分，我肯定能在六百分以上。但当我妈问我能考多少分时，我保守地说，能考五百八九吧。出成绩那天，我记得官网是中午十二点能查分。但上午十点多的时候，就有同学给我打电话，说已经查到高考成绩了，他问我查了没，我说我把准考证号给你，你帮我查一下吧。

查完之后，同学打来电话，说你怎么考这么高？他说，打了一圈电话，我的分数是最高的。我还有点不敢相信，对同学说，你肯定查得不准。于是，又煎熬了一个多小时，直到十二点，我自己上官网查，真的是六百多分。我记得特别清楚，我在电脑上查分，我妈坐在沙发上不敢看，她的手心里全是汗。查完之后，我就走过去，跪在我妈面前，抱着她大哭。我妈也不知道我是怎么了，只是看到我哭，也跟着掉眼泪。

那是我人生中第一个高光时刻，学校还拉了一条大横幅：热烈祝贺于靖平同学考入国防科技大学。我还站在横幅旁边拍了照，只是后来手机丢了，也找不到那张照片了。

2

考上国防科技大学是我的梦想。有人问，为什么不是北大、清华呢？这可说来话长了，我有一个小舅，考上了国防科技大学，从此成了全桦甸的骄傲，也成了我妈艳羡的对象，动不动就说，“你小舅多厉害”“上了国防科技大学，祖坟都冒青烟了”……那时候，我们老家的消息比较闭塞，国防科技大学就在我的心里被戴上了光环，超越了北大、清华，成了我梦寐以求的学府。**我**

在心里告诉自己，他能考上，我也能考上。

正因为这位小舅的成功，国防科技大学成了我们桦甸家喻户晓的一流大学，不仅在我心中的地位高不可攀，在整个桦甸人的心里，也是如此。

但实际上，国防科技大学的录取分数线没那么高，跟清华、北大这种超一流学府还是有距离的。记得我高考那届的考生成绩都非常好，老师们很开心，还张贴了高考红榜。我站在榜下，从第一名开始看——北大、清华、清华、清华，第五位就是我，国防科技大学。我一下子觉得骄傲起来，兴奋地问老师，我这么厉害吗？竟然考了全市第五名？老师哈哈一笑说，想多了吧，没按名次来，是瞎排的。

原来如此。但由此可见，国防科技大学在我们当地人的心中有着怎样的地位。

我们那边有办升学宴的传统。升学宴上，高朋满座，父母满面红光，喊我上台发言的时候，我险些以为自己不是升学，而是结婚。

不过，看到父母乐开花的笑脸，母亲穿着新买的衣服，挺直了腰杆，父亲满面红光，热情地劝酒，那一刻我觉得挺自豪的，曾经暗暗许下的诺言，终于实现了。别人能行，我果然也能行；一颗要强、不服输的心，终未被辜负。我第一次感受到让父母“脸上有光”的自豪感，对于扛起这个家的重任，我更有信心了。

3

从那时开始，我暗暗较劲、不服输的性格时而显露，在后来的留学、创业等很多重要的人生节点上，都起了很大的作用。朋友说，你整天嘻嘻哈哈、随遇而安，没想到骨子里这么要强？随谁啊？

随我妈。随我姥爷。

我姥爷当过兵，严于律己，也严于待人，从小对几个孩子的要求非常高，但适得其反。我大姨、二姨、三姨、舅舅都不像他，甚至是他的另一面，性格随和，生活随性；只有他最小的女儿，也就是我妈，继承了父亲自律的衣钵。

为了保持身材，我妈坚持连续二十年不吃晚饭，就连大年三十的晚上也不例外。她每天做完一大桌菜后，我们大吃特吃，她选择回避；她每天晚上还坚持跳绳，有几次出去旅游，半夜抵达酒店，她也必须跳完绳才去睡觉。

不过，我妈的严格只限于自己，不会殃及我爸和我，所以我跟自律沾不着边，主打一个随心所欲。但从小到大的耳濡目染是不可避免的，潜伏在骨子里要强的种子还是种下了。

我挺感激这份要强的，总是在关键时刻逼自己一把。小时候，我的底子薄，我爸妈的学历都不高，他们忙着开废品收购站，没人管我，中考成绩是高一班级里的第三十四名，毕业的时候终于成为全班第一。现在说起来很容易，听起来也很过瘾，但当时真是后槽牙都快咬碎了。尤其是高三最后几个月，每天晚上学到一两点，然后早晨六点钟就去学校接着上课，困了就往眼皮上抹清凉油。

后来，我在帝国理工读研的时候，发现有的同学是本科保送的，有从小移民的，也有很多同学从高中就在国外读的，这些我在高考那年连听都没听过。人家五六岁就去过迪士尼了，我在小学四年级时还在纠结两块钱买五个饺子够不够吃，所以那时候我坐在教室里看着他们，心里总不免感慨，**你们永远不会知道我是怎么坐到这里跟你们一起上课的**。

如果说，高考是我人生中的第一个高光时刻，那么上帝国理工应该就是我人生中的第二个高光时刻。当然，后来的高光时刻就更多了，我相信以后还会有更多。人生没有白走的路，也没有白学的东西，有些人觉得学历贬值，读书无用，但我认为，学历只是人生中的一个台阶，你要顺着它继续往上走。

闲不住的大学生活

上大学是我第一次出远门，不仅是我，也是我父母人生中第一次坐飞机。桦甸没有机场，我们一家三口，背着大包小包，先坐车到长春，再从长春飞往湖南长沙。一路上的新奇体验，让我们既兴奋，又故作镇定，尽量不显得那么没见过世面。

国防科技大学的开学时间早，8 月 8 日就开学了，正值炎热酷暑，辗转一路，终于走出机舱，踏上长沙的土地，迎接我们的是一股三十八摄氏度的热浪。毫不夸张地说，三个东北人差点没被南方的高温给顶回去。

接下来的三个月，是大一新生的军训时间，让我真正见识了长沙的夏天有多热。不过上军校，就是要磨炼意志，对于军人来说，这点苦不算什么，我很快就适应了。

上大学后，我又发现了自己的一个特质，就是闲不住，这也随我妈。于是，适应了军事化管理的大学生活后，我开始给自己找事情做。大学五年期间，我主要干了这几件事。

首先，好好学习，拿到双学士学位。

我的军事学专业是警卫勤务指挥，工学专业是计算机，每天的课业非常繁重，早上六点起床，训练完了吃早饭，八点开始上课，一直上到中午十二点，饥肠辘辘却井然有序地干饭，吃完饭稍作休息，下午一点又开始上课，直到下午四点，一天的文化课才结束。随之就要去练体能，一直练到下午六点，晚饭后雷打不动地看《新闻联播》，看完之后，晚上八点开始上选修课，上到十点整，一天的文操武练才算结束。

就这样，在不亚于高中的紧张学习中，我最终拿到了双学士学位。

其次，激活文娱细胞，吹拉弹唱写全面发展。

军事化管理之下，我们学校的学习和生活都是高强度的，但当时是十八九岁，正是精力充沛的年纪，一天下来，我竟然也不觉得很累，就算累了，呼呼睡一觉，第二天早上就满血复活。而且我闲不住，不仅指身体，脑子更是闲不住，喜欢揽活，喜欢尝试，于是，我逐渐开启了丰富多彩的文娱生活。

首当其冲是参加军乐团。大学期间，我是军乐团的木管声部部长、军乐团副团长，还在交响乐团吹萨克斯，在民乐团吹陶笛，以及兼任元旲、黑管、大鼓、小鼓等其他乐器的替补。

我的才艺本来是萨克斯，从小学二年级开始学的。当时，我们小学旁边有个小区，某天放学，我看见几个小孩拿着锃亮的“大喇叭”，非常威风地往那个小区里走去，我一下子就被吸引了，拦住一个小孩问他们去干什么？小孩骄傲地说，我们去学萨克斯。

我又问，什么是萨克斯？小孩向我展示了他手里锃亮的“大喇叭”。

哦，原来这就是萨克斯，真漂亮！

于是我一路跑回家，跟我妈宣布：“妈，我要学萨克斯！”我妈再三确认后，带我去那个萨克斯培训班看了看，我记得学费是三千多元。我妈问：“真的要学这个吗？”我点头。我妈没二话就给我报名了。

在那个班里我一直学到六年级，考完了十级，十级就是满级了，到了那个萨克斯班的天花板。老师没法教我了，就不让我报名了。之后我就自己练，当作业余爱好，没事的时候吹一吹，需要展示才艺的时候露一手。

进了大学，也是凭着这点小才艺进了军乐团，但是在乐团里我不演奏萨克斯，我总是负责别的乐器。因为我们是军人，要克服困难，根据需要随时顶上。凭着一点点非专业的基础和触类旁通的乐理知识，我主打一个胆子大、敢上手，黑管、大鼓、小鼓、长笛……需要什么我就演奏什么。

乐团的工作挺忙的，每年的校运动会、校庆、阅兵等活动，都要排练节目，而且老师对我们的要求很高，要演奏出军人的豪迈和慷慨气势，上舞台如上战场，确保零犯错。

记得在 2013 年的阅兵典礼，国家领导人前往我们学校视察，我们演奏的曲目是《人民海军向前进》。这首曲子有一段特别难的部分，在那一段里，其他乐器全停，只有萨克斯独奏，要吹奏得悠扬婉转，又要热血澎湃，好几个转音，错一点儿就会被听出来，所有人都完成不了，包括我。

但我的拧劲儿又上来了，我一定要完成！于是，我跟学校拍着胸脯保证道，两个月后的表演肯定不会掉链子。在接下来的两个月时间里，我每天废寝忘食地练习，练得腮帮子都肿得老高，舌头都不会打弯了，最终完美地演奏出那首曲子。也是因为那两个月的高强度练习，我吹萨克斯的技能突飞猛进，至今还能吹一吹。

军乐团的经历让我离音乐近了一点，也发现了自己对音乐的热爱。在大三那一年，我又搞起了乐队。那时候，流行民谣音乐。我们学校是禁止学生用手机的，周一到周五上交，只有周末才能领回来。我拿回手机最爱干的事就是听音乐，听赵雷、隔壁老樊的歌。终于有一天，心痒难耐的我终于凑出了五个气味相投的朋友，一起搞了个乐队。

我们的乐队很活跃，每年都会参加乐队比赛，还有三四场演出，就在学校的礼堂表演，场面非常火爆，总是吸引很多外校同学来观看。要说有什么音乐梦想，好像也没有，就主打一个玩，开心，不负青春！就这样玩了两年，现在回忆起来，确实挺过瘾的。

除了丰富的文娱生活，也进行运动，就是打篮球。我高中时就喜欢打篮球，到了大学自然没有丢弃，而且投入了更大的热情，忙完一天的学习后，再晚也要去打一会儿校篮，终于打进了校篮球队，还代表学校参加了全国大学生篮球联赛。

除了躁动的时刻，也有安静的时间，我很喜欢写小说。当时，我们只有在周末才能拿到手机，我有个同学，拿到手机就争分夺秒地看网络小说，搞得我很好奇，就让他推荐一本给我看。没承想，一看就入迷了，追了几本网络小说后，激发了我强烈的写作热情，我开始写起了小说。

一连写了两本，都登上了某个网络小说网站的女频热度榜。别问为什么是女频，因为不懂啊，一顿操作下来竟然注册在女频，直到连载结束了，才知道还有个男频。

第三，锻炼体能，以失败告终。

对于军校来说，体能训练是基本功，我们从进校开始就被教育，我们是军人，祖国需要我去哪里，我就去哪里，强健的体魄是保家卫国的基础。

每天的日常训练是两个五公里：早上跑五公里，晚上再跑五公里，不管刮风下雨，还是严寒酷暑，都一样。而且随时要准备紧急拉练，需要打好行装负重跑。长沙的雨水多，我们的被子、衣服经常都被雨水淋湿，回来后也不能铺开晾，还要保持内务整洁，只能捂着。

后来，我们摸索出经验了，基本上一到雨天就会紧急拉练。有人问过为什么，教官说，下雨就不打仗了吗？下雨敌人就不来了吗？我们就是要在任何时候、任何条件下磨炼自己，时刻做好保卫祖国的准备。

另外，我们还要学习格斗、射击、擒拿、攀登等作战课程，我学的是警卫勤务专业，隶属于特种作战教研室，特种作战的所有学科都要学。

就在我觉得自己文武兼备，意气风发的时候，却出了一次意外，我受了很严重的伤，两个膝盖的韧带都断了，在医院休养了半年才恢复，并因此退了伍。可以说，这是我心中永远的痛。

每个节点都拼尽全力

大学毕业后，我被分配到了石家庄。就在我踌躇满志准备施展抱负的时候，出了一个意外，我受了很严重的伤，住院半年才养好。

但恢复之后，我也没法参加高强度训练了。那时，我的心情特别苦闷，勤学苦练五年，怀着一腔抱负，准备投入祖国建设中，却因为伤痛而无法施展自己的才华。觉得既对不起父母，也对不起国家。但是没有办法，思索再三后，我选择了退伍。

浑浑噩噩地过了一段时间之后，有一天早上，我醒得很早，看着窗帘上一点一点爬满阳光，我忽然意识到，不能再这么颓废下去了，必须靠自己去闯出一番天地来。

怎么闯呢？我首先想到的是继续学本领，之前听说北大有个研究生专业是创意写作，我不是写过两部小说吗，心里有个文学梦，所以一直对那个专业很感兴趣。既然想继续深造，考研可以考北大的创意写作专业。但是后来一打听，才发现那个专业已经不招生了。这不，我的作家梦就搁置了，一搁就搁到了今天，通过这本书来实现，也挺好的。

不想考研了，那就找工作吧。我的工学专业是计算机，那就去北京找与电脑相关的工作吧，说走就走。很快，我就成了望京一家公司的程序员，开始了朝九晚七的生活。每天早上天不亮，我就起来去赶地铁，到了公司后，窝在狭窄的工位里，除了吃饭、喝水、上厕所，一天都不怎么动。

记得那家公司有个制度，正常下班时间是晚上七点，如果加班到八点，公司就报销晚饭的费用，于是我就加班到八点；吃完晚饭正想走，发现加班到十点以后可以打车回家，于是继续加班，过了十点再走。公司的业务还挺忙，经常周六、周日也要加班，就这样，我每天早出晚归，披星戴月，连太阳都见不到。

干了大半年，我觉得有点不对劲，挣钱不多，身体熬坏，关键是没有什么成长和发展的空间。我的内心觉得越来越迷茫，希望有新的改变。

这时候，就不能不提一个非常重要的人，他是我的大学同学峰哥，毕业后也因为某些原因退伍了，他选择了考研，而且考上了中科院的研究生。在我做互联网“码农”的时候，他正在中科院读研一。我们俩的关系非常好，我就找他商量，两个什么也不懂的年轻人，经过一顿深入又深刻的分析，得出结论：出国深造。

原因很简单，以我当时的学历和履历，找工作没优势，很难找到特别好的工作，必须进一步充电镀金，才能增强自己的竞争力。

去北京之前，我以为自己好歹是985院校毕业的，学历还可以。结果去望京的互联网公司面试时，我一下子蒙了。当时面试的人，除了我还有两个人，其中一个本科是北京邮电大学，研究生是香奈儿大学的，另一个本科是厦门大学，研究生是美国西北大学的。虽然公司最终还是录取了我，但学历这件事在我心底埋了个刺。

之所以选择出国留学，而不是在国内考研，源于一次感性却触及灵魂的刺激。

我在大学期间看过一部电影，叫《一八九四·甲午大海战》，深受震撼，一直记忆犹新。电影讲的是一批少年学子怀着强国之梦被送到英国皇家海军学院，学习先进的知识，最终驾驶着清政府用重金购买的铁甲巨舰驶回祖国的那段历史。

当时的海军将领、北洋水师右翼总兵刘步蟾有一句振聋发聩的台词：“此去西洋，深知中国自强之计，舍此无所他求。背负国家之未来，求尽洋人之科学。赴七万里长途，别祖国父母之邦，奋然无悔。”

他深知当时中国的自强之路就是要去学习国外的先进技术，知识就是武器，知识就是底气。因此，我的心底一直有个想法，想要出去多看看，多学点东西。

出国留学的计划就这样草率地决定了。其实，对于普通人而言，很少有人能对自己的人生有多么清晰的规划，站的高度不够时，预判也不准，倒不如简单点。**大道至简，跟着心里的感觉走**。

出国留学的方向定了，接下来就是攻克难关——考雅思。于是，我一点不见外地每天出入中科院，去图书馆学习，后来甚至住进了中科院的宿舍，峰哥的宿舍就一张床，被我毫不客气地霸占了，他只能睡在临时支的行军床上。

记得当时我有一本英语单词书，走到哪里都揣着，坐地铁、吃饭，只要有时间就拿出来背单词，背到把书合上，随便翻开一页，都能熟练地掌握。就这样准备了大半年，雅思考试顺利考过了。

选择学校时，经过一番简单了解，我莫名就对帝国理工大学有着很热切的渴望，心里很想去，但是没敢选。一是帝国理工大学很难申请，我怕被拒；二是费用高，要比其他几所学校多花将近一万块。当时我很穷，不舍得花钱，只能强忍心疼放弃，转而申请其他几所大学。

后来，我收到了三所大学的 offer，内心还是对帝国理工大学念念不忘，因为一直都在关注，我知道帝国理工大学还在申请期内，就跟我爸提起了这件事，流露出对帝国理工大学的极大渴望。

我爸二话没说，非常肯定地跟我说，你肯定能申请上帝国理工大学，马上去提交材料，你肯定行！

我受到了很大鼓励，便提交了申请材料，果然如我爸所料，我成功了。拿到 offer 的那一刻，我开心地跳了起来，马上给我爸打电话报喜。谁知他非常淡定：“我早就说你行！”甚至膨胀起来，“你要是申请剑桥，剑桥也能拿下。”

这牛吹的，差点闪我一个跟头。

这就是亲爹，永远无条件地相信我。也正是这份来自家人的信任和鼓励，给我带来无限力量。

从北京走的那天，北京的哥们儿来送我，其中一个哥们儿说，我们一点儿都不担心，你到哪儿都能混出个样儿。临走那天，我发了个朋友圈：不是猛龙，不过江。

刚去英国的时候举目无亲，我只能一点一点地积累自己，去闯，去见识。我认识了一大堆朋友，去了我做梦都不敢想的剑桥，认识了当地的华人议员，回国之后，作为留学生代表与疾控中心专家连线，并登上了《中国日报》，参加了《一站到底》节目，还有了自己的电商公司和仓库，积累了一百多万的粉丝，成立了自己的商务经纪工作室，还在和几个海外回国的博士筹备一个科技类的项目。

我爸的朋友跟他开玩笑说，你们老于家祖坟冒青烟了，出了这么个好儿子。我爸爸嘿嘿一笑说，你别看我没文化，我教儿子教得好。

回想人生中的几个转折点，但凡有一次我没有拼尽全力去努力、去争取，我现在可能都窝在小城市里，去啃着父母为数不多的老本。

寒门再难出贵子吗？难，难于上青天！可是和那些含着金汤匙出生的人相比，我们连自怨自艾的权利都没有。**大浪淘沙，总有金子要发光，只要你是金子，就一定会发光！**

第二阶 眼界

思维破局，路更宽广

如果你有好的逻辑思维能力，
就要多利用它，
站在更高的位置去思考问题，
利用有限的信息去推导得出更多有用的信息。

提升眼界，摆脱思维局限

当你看着居高不下的房价，或是多年积蓄被股市套牢，或是当年大学毕业后和你选择不同行业的同学赚了大钱……你是不是偶尔也会想，要是我当年一咬牙买房就好了，要是我当年好好学习就好了，要是我选择去某个城市工作就好了，要是我能穿越回十年前就好了……

这种后悔通常来自某一个失误的判断对自己造成了重大影响，而这个失误是你原本应该有能力去改变的。假设你能回到十年前，你比当年的自己多了什么？你多了一样东西，就是对未来的十年会发生和发展的很多事情有了更精准的判断。

换一个思考角度，假如现在的你对未来十年的发展轨迹都了如指掌，你是不是同样能依靠它获取巨大的成功呢？答案是一定的。

所以眼界的作用是什么？是对即将发生的事情有一个精准的判断。换句话说，就是你知道，如果这么做将会发生什么。在人的一生中，选择的影响要远大于努力的影响，所以眼界在很大程度上，会影响你的生活、工作，甚至是子女的未来。

举个例子，假如一个人生活在山里，没有手机，没有电视，他只知道种地能赚钱，没有人告诉他读书有用，那么他就不会读书，也不会让他的孩子去读书。可见眼界有多么重要！

那么，如何提升眼界呢？很多人会告诉你多读书，多出去走走看看，多和不同的人交流，也就是所谓的“读万卷书不如行万里路，行万里路不如阅人无数”。其实，这三种做法本质上都是一样的，都是为了获取有效的信息，无论哪一种，对提升眼界的帮助都非常大。我将其称之为眼界的广度，这一点已经有很多人说过了。

今天，我想说**眼界的另一个维度，就是眼界的高度**。

眼界的高度怎么提升？

首先，要用到人的另一个能力——思考。道理都在书中，做人却在书外，也就是孔子说的“学而不思则罔，思而不学则殆”，思考能提炼信息，能判断信息的准确性，能帮我们解决问题。

什么是聪明人？就是能从更多的角度思考问题的人。我们还知道一个道理，屁股决定脑袋，你在不同的位置就会用不同的思考模式，比如你是清洁工，就会考虑清洁工要做的事；你是大堂经理，就要考虑大堂经理要做的事；你是董事长，自然要考虑董事长要做的事。站得越高，看得越远，会当凌绝顶，一览众山小。有些人能从大量的信息中获取有用的信息，见微知著，防微杜渐，既能考虑全盘，又能抓住细枝末节。运筹于帷幄之中，决胜于千里之外，这就是张良或诸葛亮那种天降紫微星了。

对于我们普通人来说，该怎么做呢？

如果你有好的逻辑思维能力，就要多利用它，站在更高的位置去思考问题，利用有限的信息去推导得出更多有用的信息。

怎么检验自己有没有这种能力？我出一道题：有八个大小、形状一样的铁球，其中一个轻一点，其他七个一样重，你能用的只有一个天平，最少需要几次能把轻的铁球找出来？答案是两次。如果你听到答案就能想出来，已经很聪明了；如果还没想出来，我说一个数：332，看到这里能想明白的人，基本的逻辑思维能力是有的。

其次，是换位思考。

我曾经讲过一个故事：

有一个老头开着拖拉机去干活，还没走多远，突然发现自己的帽子没戴，于是他冲着老婆大喊：“帽子！”

因为拖拉机的声音太大了，他老婆没听清，他拍了拍自己的头，再次喊道：“帽子！”

只见他老婆拍了拍自己的屁股。他以为老婆没懂他的意思，于是他又拍了拍自己的头，大喊：“帽子！”

结果他老婆又拍了拍自己的屁股。他生气地跑回去和老婆说：“你这个笨女人，我是问你，我的帽子在哪儿？”

他老婆说：“我告诉你了，在你的屁股下面压着呢。”

其实，他只要想想老婆的动作，想想对方为什么会做出这个奇怪的动作，就不难想出答案。但很明显，他并不会站在别人的角度上考虑问题。而我们想要提升自己的眼界高度，就需要多从别人的角度看问题。

当然，读书、行路、识人也至关重要，是提升眼界必不可少的基础，当眼界有了广度，提升高度还难吗？

摆脱焦虑，心境通达

焦虑，几乎是我们日常生活中要解决的最关键的问题。

人为什么会焦虑呢？其实，焦虑这种情绪是人的本能。在远古时期，人类和野兽一样，在雨季得以繁衍生息，但是在枯水期，又不得不面临食物短缺、人口凋零的危机。一部分先行者诞生了某种意识，想到要在丰水期存储食物，豢养野生动物作为家畜，以便在枯水期保证食物的供给。由于这一批人产生了忧患意识，得到了更好的发展，也将这一基因保存了下来。因此，在人类的潜意识里，难免会对将来的事情产生期望或者担忧。

到了现代社会，人类的需求不仅仅局限于食物，更多的是考虑自己的生存发展，包括了考试、就业、婚姻、生育、养老等诸多的生活问题。再加上这是个信息化的时代，互联网媒体裹挟着大量的无用信息，还有很多营销号会主动刺激，让受众产生焦虑心理。

信息差是很容易让人产生焦虑的，换言之，自己对世界了解得越少，越不容易产生焦虑心理。有这样一个故事：

古时候有一个农民，养了很多猪，古代的猪都是黑色的，例如西游记里的猪八戒就是黑脸短毛，长喙大耳。这个农民养的黑猪下了一窝小猪仔，有一只小猪仔是白色的，他非常高兴，说这可是件稀罕事，是祥瑞，得拿到京城给皇上看看。于是他抱着那只小白猪往京城走，走着走着，就发现别人家的猪不光有白色的，还有白底黑花的，有头黑臀白的。相比之下，他养的这只猪就没什么稀奇的了。他越走越失望，还没走到京城就掉头回家去了。

这就是见识越多，失望越大。如果你什么都没见过，自然就对世界充满了好奇，看什么都是新鲜的。比如，你生长在农村，没见过汽车、飞机，也没见过高楼大厦，当你进入城市后，看见了摩天大楼，进入了商场、超市，你觉得什么都喜欢。可当你发现这一切都不属于你的时候，你又会感到特别失落。等你再回到农村，看到已经不再熟悉的一亩三分地，内心很难不产生焦虑情绪。

我之所以说互联网上的很多信息容易带给人焦虑，就是因为它让很多普通人看到了自己本来无法见到的东西，在增长见识的同时，又增添了烦恼。当然，作为一个有着社会行为的人类，很难避免这种情况，所以我们要做的是主动缓解焦虑。

怎么缓解焦虑呢？心态很重要。假设有一种情况，你骑着一辆破旧的自行车在北京二环路上，看到路边的高楼大厦，车水马龙，偶尔别人看你一眼，你大概率会产生自卑心理，觉得别人都开豪车，你骑辆破自行车特别丢人。但如果你家里有一辆劳斯莱斯，因为限号不能行驶，你还是骑着这辆破自行车在二环路上，别人还是开着豪车看你一眼，你自然就觉得无所谓了。因为你的心里很自信，你依然可以昂首挺胸地骑着这辆破自行车。其他的东西都没有变，只是你的心境变了。

所以心境的通达，是我们打败焦虑的一把利器，如果一个人能不被外界的环境所困扰，他将是无敌的。这也就是我们常说的“不以物喜，不以己悲”。贫穷也好，富贵也罢，无论境况如何，都能很好地控制自己的思维、欲望，以一个乐观开朗的心态去面对整个世界，那么你自然就是乐观开朗的，看到的每一个人也都是善良有爱的。

孔乙己的长衫，该脱就脱

1

孔乙己是谁？

他是鲁迅笔下唯一一个站着喝酒而穿长衫的人，在过去，“短衫”指劳动人民，“长衫”指出手相对阔绰，可以踱步走进店铺里要酒要菜、慢慢坐着喝酒的读书人。而孔乙己是唯一一个站着喝酒穿长衫的人，证明他是个失败的读书人，也是在清末的科举制度之下，除了少数爬上统治阶级的读书人以外，大多数穷困潦倒的底层知识分子的真实写照。

孔乙己是语文课本里的人，也是很多当代大学生眼中的自己，于是他们写下了“孔乙己文学”。因此，学历不仅是工作的敲门砖，也成了自己下不来的高台，更是孔乙己脱不下的长衫。

很多人说，如果没有读过书，我可以找别的活儿干，可我偏偏又读过书；如果我没上过大学，那我可以心安理得地进厂拧螺丝，可是没有如果。上学的第一天就在为了高考而努力，工作的第一天就在为了买房而做准备。如果稍有差错，这么多年的书岂不是白读了？初识不知书中意，再读已是书中人，原来我就是孔乙己啊！

其实，我早就想聊一下这个话题，但如果不是真正处于特定环境的人，是根本无法理解的。旁人会觉得，你考了好大学，毕业后找不到好工作，书就是白读了。而那些所谓关心你的人，并不关心你想要什么，只关心你在做什么。

我曾经看到过一个问题，如果没有职业歧视的话，你最想做什么？一个女生说："我研究生毕业，但我想去农村养鸡，谁懂啊，我真的好喜欢看鸡吃饭的样子。"还有人说："我本科学的新闻学，但我不想当记者。""我硕士学的法律，但我不想当律师，我的导师问我未来想从事哪方面的工作，我说我想当一个塔吊司机，导师想了半天，没反应过来什么是塔吊。"

曾经有个 985 院校毕业的硕士送外卖上了热搜，这并不稀奇，之前还有浙江大学的博士送外卖的新闻。但这位 985 院校毕业的硕士提出了一个直击灵魂的问题，他说："孔乙己的长衫我也脱了，我到底是哪里做错了？"主要原因是大环境不好，但如果非说是哪里做错了，我认为是长衫脱晚了。

这种事情以后会越来越多，那对于年轻人来说，应该怎么办？我想结合自身的经验分享一下。

刚到北京找工作的时候，我还很青涩，豪情万丈，心想：我是从 985 院校毕业的"天之骄子"，工作还不是手到擒来吗？工资不得张嘴随便要吗？更嚣张的是，面试的时候，一般的小公司我都看不上，我愿意去面试的公司，不等面试官问完，我还得反问对方是从什么学校毕业的，一个月能挣多少钱……我想知道，在这家公司做下去，做到他的职位，能干出个什么样。

结果，面试官个顶个的都是高学历，要么是从985院校毕业的研究生，要么是从海外留学回来的研究生，但表现出来的生活状态又大差不差，都是三十多岁，养着孩子，还着房贷，月薪一两万到两三万不等。

当时虽然我刚大学毕业，既青涩又有点蠢，但心里有一个执念，就是上班不能只是消耗之前的所学，还得有所成长，我不想像那些面试官一样，在公司干三五年后，还是没增加多少竞争力。万一有一天公司把我辞退了，我该怎么办？

那时候，很多大学生处在“对现状看不上，但什么也干不了”的状态，倒也不能简单说是眼高手低，而是内心迷茫，找不到未来的希望，因为还没有职业规划的概念，所以大学生只知道自己的学历高，但具体能干什么，完全不知道。

2

我是怎么脱下身上的这件孔乙己长衫的呢？

有一次，我去广州的亲戚家。他高中没念完就出来打工了，后来生意做得挺大，在广州买了好几套房子，人家一个月赚的钱比我攒一年的工资都多。那个时候，电商是很好做的，竞争小，市场大，我明知道做电商赚钱，但我不能干，我堂堂一个985院校毕业的大学生，能干这个吗？就算再挣钱，我也不能干。我坚持着读书人的清高，孔乙己的长衫稳稳地穿在身上。

后来，我又认识了很多像这位亲戚那样学历不高，但做生意做出名堂的人。说实话，我开始纠结了，凭什么他没读过书就可以做，我读了书反倒不能做了？就因为我多上了几年学，我就活该比他挣得少？这不合理！

我想了整整三天，最终决定我也要干电商，但我不能全职干。于是，我每天只用一个小时，在网上开了家店，结果这个店的营业额差的时候一个月有一万多，好的时候一个月能有三四万，比我上班挣得都多！面对这种情况，我每天又拿出两小时来经营这家网店。

在我留学期间，抖音出了电商，我知道这是一个大风口，但是我毕业后回国是去做电商，还是老老实实地去上班，我又开始纠结了。有一天，我在伦敦乘坐地铁时想，如果身边的亲朋好友知道我是做电商的话，会有多少人“埋汰”我啊？后来，我下定决心，先把钱挣到，后面拿出一部分钱去做慈善，建设希望小学……就是经历了这样的思想转变，我第二次尝试着脱下孔乙己的长衫。

后来，我第一笔挣了十万元，我全部都用来购买口罩，并捐献给了武汉。有媒体报道了这件事，我还因此上电视了，不少人对电商改变了印象。这几年，我陆陆续续地对外捐款不断，我在南京红山动物园认养东北虎，给贫困地区的小孩捐衣物、捐书、捐钱，给先天心脏病儿童基金会捐款，等等。

脱下孔乙己的长衫之后，格局瞬间打开了。除了做电商，我又转行去做农业，现在又开始做旅游，确实是越来越大、越干越好了。

3

我很能理解大部分年轻人，包括那几位从 985 院校毕业后选择去送外卖的硕士、博士的想法，他们又年轻，又有高学历，需要有一份体面的、哪怕不怎么挣钱的工作。但是，不挣钱该怎么生活呢？

我们有句老话，叫“吃不穷，穿不穷，算计不到才受穷”，如果现在你还不知道哪里出了问题，我想说，那是因为你根本没想好自己的晋升路线。

看看 TikTok（抖音集团旗下的短视频社交平台）的 CEO（首席执行官）周受资的职业路线。他本科毕业后在伦敦的高盛做投资银行家，之后进入哈佛商学院攻读 MBA（工商管理硕士），然后在当时初创时期的 Facebook（脸谱网，一个社交网络服务网站）实习，一年后加入 DST（一个总部位于俄罗斯的投资集团）并投资了小米、京东、滴滴打车，几年后他出任小米 CFO（首席财务官），帮助小米上市，后来又加入字节跳动并出任 CFO，然后又出任 TikTok 的 CEO。他的成长路线就是职业经理人。首先，他有极强的个人能力；其次，他有非常好的机遇，小米是中国发展最快的互联网公司，字节跳动是全世界最大的独角兽，也是移动互联网的守门员，都在他的职业轨迹中。

这种超强精英，人家穿着长衫也没问题，走的就是穿长衫的路线。而对于大多数人来说，可以看看马云和刘强东的发展路线。马云大学毕业后，当了七年英语老师，然后拿着家里凑出来的两万元出来创业；刘强东是从农村出来的，开饭店赔本后，去中关村倒腾光盘、刻录机，正好赶上3C产品（是计算机类、通信类和消费类电子产品三者的统称）的小风口，后来又赶上互联网的大风口。

孔乙己的长衫该脱就脱，那些告诉你非得端着架子，要不然“书就白读了”的人，首先他自己可能过得就不好，其次他可能并不是为了你好。

其实，我当年也经历过这种情况，我本科和硕士学的都是计算机，学得也不错，可以做一个不错的程序员，但我真的不喜欢码代码。我喜欢旅游，喜欢看风景，喜欢每天遇见不一样的人，感受不一样的文化，但是我不敢，我只能去做一个程序员，要不然我的书就白读了。

直到有一天，我在英国留学的时候参加了一个聚会，遇到帝国理工大学的一个学长。他是一位材料学博士，因为喜欢摄影，不仅做了摄影师，还开了一家广告公司，干得非常好，年收入至少百万起步。我听到之后很惊讶，不禁脱口而出：“这样的话，你的书不就白读了吗？”

他也很惊讶，说：“你是第一个问我这个问题的人。在英国，人们不会这么考虑问题，他们只会认为，你是个摄影师，还是材料学的博士，那你一定很厉害！你怎么会觉得我的书白读了？”

闻言，我也一愣，继而豁然开朗。**知识学会了，就是自己的，怎么会有“白读了”这种说法呢？**可能在我们的固有思维里，就先预设了读书人之后该成为什么样的，如果不符合预设，就是白读了。

就像有人问释慧海的一个问题：“短暂的陪伴，是奖励还是惩罚？”

释慧海回答：“你不贪心便是奖励，你已经知道这段感情结束了，但是你觉得他为你的生命带来了色彩，你很开心，很知足，这便是奖励；你抱有期待，觉得这还不够，你还想继续，但是又无法继续了，你很受折磨，那便是惩罚。”

学历也是这样，你觉得你读了这么多的书，见识了这么大的世界，长了更多的眼界，这便是奖励；你觉得我读书之后，就要一鸣惊人，就要功成名就，可偏偏又得不到，这便成了惩罚。

其实，在这件事上和自己和解不难，但是和世界和解就比较难了。即便我现在已经基本实现财富自由了，可以做我喜欢做的事情，我开了家旅游公司，每天像招待朋友一样招待天南海北的游客，吃吃喝喝，玩玩乐乐，这一批朋友走了，下一批朋友又来了，跟大家喝酒聊天，一起看山看海，这就是我梦寐以求的生活。但还是总有人问我，你怎么不找个班上？你那么多年的书不是白读了吗？

面对他人的不理解，很难去解释，我也不会简单地劝别人和这个世界和解。他可能根本就和解不了，因为大众的认知可能跟你不在一个频次上。因此，我只想提醒当事人，尽量去屏蔽那种声音，坚定自己的想法，相信自己，相信相信的力量。

山上无人时我修清净，
山上人山人海时我亦修清净，
忽地顿开金绳，
这里扯断玉锁，
钱塘江上潮信来，
今日方知我是我。

我们生活在巨大的落差中

有段时间，网络上对“万柳书院少爷”的讨论特别火。起因是，有一个男生发了一个运球的视频，定位是在万柳书院。眼尖的网友发现，万柳书院是北京海淀区的一个高奢的学区住宅。据说那里的房价是每平方米二十多万元，而且住宅的面积特别大，在二百平方米到五百平方米之间，周边有中关村三小、人大附中、101中学。于是，网友们就调侃此少年为“京圈少爷”。

在一众讨论中，有一条热评引起了我的注意，是这样说的：“我不羡慕他住万柳书院，读101中学。我羡慕的是，他可以依靠家里的底气，做出自己喜欢的决定，而我只能一条路走到黑；我羡慕的是，他可以站在高处自信地与人交谈，而我只能窝在小县城里怀疑自己的选择是否正确，现实里的‘少爷’‘小姐’不会是小说里的纨绔子弟，他们拥有更好的资源，他们更努力、更自信，也会比我走得更远。互联网太小了，小到我可以清晰地感受到人与人之间的差距。”

其实，对这种事情，我的感触也特别深。在英国留学的时候，我就明显感觉到自己和其他同学的不一样，他们大多是在国外读高中和本科，或者是在国内读国际高中，去国外读本科，之后顺理成章地在国外读研究生，他们从来不需要考虑费用的问题。

我从不避讳自己的出身，小时候我们家是收废品的，冬天零下三十多摄氏度，周六、周日的早上要去上补习班，因为打车费要四元，电动三轮车费两元，我就选择步行。每次到老师的家里，老师都先给我端一盆热水暖手，要不然我根本就拿不住笔。读高中的时候，同学们都已经开始用智能手机了，但是我高中三年没用过手机。我不知道拼了多少个日夜，跑赢了多少人，才有资格跟他们坐在一个教室里学习。

退伍之后，我清楚地意识到，靠工作实现不了我的梦想。我便想到了出国留学，想去看看外面的世界，可是没有学费，我必须先上班赚钱。我曾经跟我爸承诺，毕业后我就全靠自己，但出国留学不得不先向他借钱，这样东拼西凑才勉强凑够了我出国留学的学费。而我的同学是什么情况呢？我记得特别清楚，有一年春节，我的一个同学发了一条朋友圈："我已经上大学了，为什么家里这些亲戚还要给我钱，我用不着这么多钱，你都不如在新年的时候，跟我真诚地说一声新年快乐！"当时我就想，怎么会有这种想法？写童话故事呢？

还有一个室友，他的家庭条件非常好，从小和弟弟在国外生活。他有葡萄牙绿卡，他和弟弟聊天时用葡萄牙语，跟我们聊天时用汉语，跟老师对话时说英语。同学们都习以为常，对他们来说，英语和中文是母语，葡萄牙语是外语。对我而言，英语是外语，直到后来，我才自学芬兰语。

在上大学之前，我所有的英语老师说英语时都自带东北口音，我想学习新东西时，只能靠不停地看书，这导致我在很多方面都和他们有着很大的差距，这几乎是难以弥补的。他们的生活多姿多彩，想去旅游就去旅游，想玩摄影就玩摄影，想读博士就读博士，因为他们不用考虑挣钱的事，但是我不行，明知道自己是骆驼祥子，但总觉得自己不够努力。

我们之间巨大差距的根源，很大一部分是经济上的差距，他们看上去更有理想、有抱负，因为他们不会把北京的两室一厅当作人生理想，但我得去挣钱。那个时候做抖音电商，没有罗永浩还债，也没有俞敏洪东山再起，张兰还不叫“战兰”，向太也还在过着养尊处优的生活。那时抖音甚至连自己的电商都没有，还要外挂链接，但我就是觉得这个东西能发展起来。我当时卖的第一个产品是洗洁精，一种国外品牌的洗洁精，用过的人都反馈特别好用，记得一上线就卖得特别火爆，其他留学生发现之后，还发视频嘲笑我：“你一个研究生去卖洗洁精，丢不丢人？”

刚开始我的确很生气，很想回怼他们，但是后来想想人家说得也没错，确实丢人。我要是像他们一样，不用考虑挣钱该有多好啊……过了一段时间，我又想，他为什么要这么说我？我从小也是大家口中“别人家的孩子”，从小通过无数个第一，一步步地考出来的，从小到大听到的都是夸赞声，没怎么挨过别人这样的指责，我的脸皮也很薄，你凭什么这么说我啊？你不知道钱很难赚吗？

后来我想通了，就原谅他了，因为他确实不知道钱难挣。但我还是觉得丢人，我想实在不行，我就把赚来的钱捐出去，后来我就把这些钱用来买口罩了。我想通过这种方式获得内心的自洽。

万柳书院的“少爷小姐们”，他们的条件好无可厚非，那是他们的上一代人积累下来的，我们没有这么好的条件，能怎么办呢？只有靠后天努力了，并且我相信，有一天我也能通过努力实现自己的梦想，过上自己理想的生活，这就够了。

“富”和“贵”的区别

有很多朋友问我怎么看待谷爱凌的成功和她家庭的关系?

我认为谷爱凌完美地诠释了一句话，即一个家族的兴旺要靠三代人的努力：第一代人通过读书实现第一次社会地位的转变，他们成为医生、律师、教授、工程师等；第二代人经商，他们通过父母的积累得以接受良好的教育和经商的资本；第三代人学习艺术或体育，可以自由地去实现梦想。第二代人通过努力，为家庭积累了足够的财富，第三代人便不再需要为生计发愁，不需要考虑找个稳定的工作，他们可以自由地实现梦想，于是自身的天赋可以得到极大的发展。同时，他们能接触到良好的资源，所以这一代人的成功相对来说容易一些。

拿谷爱凌家为例，谷爱凌的姥姥是交通运输部的高级工程师，她的母亲做风投，也曾是名运动员。有家庭为支撑，可以让她几乎没有后顾之忧地挖掘自己的天赋。但这并不意味着，要低估她的天赋和努力。

为什么说要到第三代人才能算兴旺呢？很多人可能听过这样的事，有人挣到钱了，开始学习高雅的艺术，搞收藏，做艺术展，听古典音乐，但无论他怎么做，在上流圈子里依旧认为他是个暴发户，几代人之后，他的后代一出生就不用考虑挣钱的问题，个人才能就得到了社会的认可，所以才有了贵气。

这也是咱们说的“富”和“贵”的区别。换言之，只要你的脑子里想着挣钱，就很难沾上贵气。

可以假设一下，你一生下来，就过着财务自由的生活，你会想什么？**有的人可能会迷茫，有的人仍然想努**

力，但他们努力的目标是超越自己。这就是我说的“贵气的心态”。为什么成功企业家的子女可以去娱乐圈发展，他们未必是为了挣钱，只要喜欢就可以，而家里可以支撑他们完成梦想。

多少人年轻时想去当明星，但不是每个人都有机会的。如果说谷爱凌的成功全是家庭的功劳，当然不对，她自身的努力和天赋也很重要。在我看来，想要拿金牌，必须是顶级的天赋和顶级的努力，以及顶级的运气，三者缺一不可。

对我来讲，我很难让我的孩子去当一名职业运动员。因为我之前打篮球接触过很多半职业，或者职业运动员，在我看来，他们天赋异禀，而且努力到让人害怕的地步，训练到脚都畸形了，却连 CBA 的边儿都够不到，更别说入选国家队了，就算能入选，还要达到世界顶级选手的水平。即便是拥有这份可怕的实力，谁又能保证一路走来不受伤呢？

有多少天赋异禀的运动员受困于伤病，连名字都没有留下，就已经消失在茫茫人海。就算一路健康地撑到赛场上，又是否有运气得到命运的垂青呢?

谷爱凌如果不做“1620”能拿到金牌吗？拿不到的，可能只是银牌。她之前从来没训练过这个动作，甚至在蹦床上都没有，但是她做到了。这肯定得益于日积月累的训练，但是也有一定的运气成分。这个动作，她并非十拿九稳，甚至大概率是做不到的，也没有多少人相信她能完成，但是她向命运发起了挑战。

我佩服她这种精神，她挑战的不是别人，是自己，并且战胜了自己，这让我想起了《老人与海》里的那句话：一个人可以被毁灭，但不能被打败。

蛰伏成长，投资自己

很多人大学毕业或研究生毕业后找不到好工作，感觉很失败。我想分享一段我曾经的经历，相信会给你带来一些启发。

首先，我们要知道，如今很多大学生找不到工作，是因为能力差或懒惰吗？肯定不是。找不到工作的原因有两个：一个是工作机会少，另一个是就业人数多。这两个原因和个体并没有多大的关系。比如，如果你在碧海蓝天的三亚，非想找一个在海边卖西装皮鞋的工作，就算你能力再强，也很难找到，因为工作机会太少了；那如果你想摆个摊卖防晒霜、人字拖、遮阳帽，也不一定能卖出去多少，因为就业人数太多了。

可见，个人能力在大环境面前，是微不足道的。什么时候你明白了这个道理，你就会轻松很多，就容易跟自己和解了。

如今很多人总是和自己较劲：我读了这么多年的书，岂不是白读了吗？

当然不白读。每一口饭都不白吃，每一步路都不白走，每一页书都不白读。暂时没有得到好结果，不是你的问题。

这么看来，是不是意味着年轻人就不该努力了呢？

当然不是。只是努力的方向可以调整一下，应该努力提升自己，抓住好机会再往上冲，没有好机会时别跟自己较劲。你不会永远不行的，人总得三起三落过一生，有你起势的时候，能起来就起来了，起不来那就平平凡凡地过一生。

时来天地皆同利，**当你起势的时候，你要有能力能**

接得住。市场不好的时候，你就蛰伏，汲取能量，默默地成长。千万不要焦虑，焦虑最没用，你随便学点什么都行，早晚有一天能用得上。

苏秦说："使我有洛阳二顷田，安能佩六国相印？"意思是说：假使当年我在洛阳时，你们给我一口饭吃，不嫌弃我、不唾骂我，我也无法混成今天这样——六国给我封相。所以，你得坚信自己有成事的一天。我之前也时常觉得自己很失败，但我就是咬紧牙关，告诉自己**"我一定要成事，不管哪一天，我一定能成"**。

假如你正处于迷茫焦虑期，那首要任务是多学点东西。有一位朋友发私信问我，现在的年轻人应该学点什么？我的建议是：健身、医学知识、PS、摄影、新媒体运营，或者多读点历史书。我考虑的不是这些行业未来是否会有大发展，而是这些技能否对一个人未来的成长有非常大的好处。

人们经常会陷入一个误区，学习一项技能之前，先思考我学它到底有没有用？如果你抱着功利心去学习的话，可能会学得很痛苦。因为很多东西，当你学完之后，暂时是毫无用武之地的，但是你要坚信，这些技能在未来的某一天一定能帮助到你。

分享一个我的例子。我上大学第一年时，在军校里，白天训练一天非常累，晚上早早地就上床睡觉了，但是有一天我洗漱完，突然发现有一个同学在我们公共俱乐部的电脑前忙碌着。我很好奇，就过去看了一眼。我问他在用电脑做什么，他说他正在学习剪视频，我问他之前会吗？他说不会，刚刚开始学。于是我跟他说，那我也跟你一块儿学。我俩当时都不知道学这个东西有什么用，只是觉得，反正待着没事，就学了。

后来，这个同学的视频越做越好，光靠做视频剪辑就获得了很多奖项。当时，学校里很多视频都是他做的，他也因此受到领导的器重。我学完之后，根本没有用武之地。又过去了六七年，我去国外留学时，正巧赶上短视频兴起，我才想起我也会做视频剪辑啊，要不我也做点视频试试看吧。就这样，我一直做到现在。

如果我之前没有掌握做视频这项技术，大概率不会轻易尝试。**这就好比是一颗种子，只要种下去，你不知道它什么时候会发芽，但它一直在积蓄力量，早晚有一天会破土而出的。**

还有我当时学乐器，也是因为在学校里要参加军乐团，我的想法很简单，反正那么多乐器，那么多机会，我就多学几样吧。后来哪个声部缺人我都能顶上，参加演出的机会就特别多，因此领导非常喜欢我。也正因为这个原因，我获得了去校外演出的机会——去湖南师范大学演出，也就是在那天的演出里，我认识了我媳妇，这也是这辈子最值得我庆幸的一件事。

前领导对我说过一句话：人的路要越走越宽，千万不要越走越窄。你会的东西越多，你所走的路就越宽，你只会做一件事，这条路被人堵死了，你也就完了。

就像现在做教培，如果你之前只会做教培，这条路突然被堵死了，你该怎么办？老话讲，技多不压身。东西没有白学的，早晚用得上。

现在大环境不好，我支持年轻人放松自己在工作上的要求，但是一定要抓住宝贵的时机努力提升自己。好机会一定会来的，三年五年不来，十年二十年它还不来吗？

机会一旦来了，你一定要能接得住。“天与弗取，反受其祸；时至不行，反受其殃。”

我们要去学习，学什么都行，先别管它有用没用。总而言之，我给年轻人最大的建议就是投资自己。

大大方方地向上社交

时间太不禁过，2023 年转眼到了年底，马上又要过年了，又到了送礼的时节，于是很多人发私信问我，到底要不要送礼？

说到送礼，很多年轻人似乎难以接受。因为现在很多年轻人比较“社恐”，不太愿意跟人打交道，甚至过年回家都空着手。但是过年该送礼还是得去送。送礼为什么让很多年轻人觉得苦恼呢？无外乎两个原因：一是不知道送什么，二是不知道该给谁送。

这就涉及另一个问题——向上社交。对于普通人来讲，向上社交的机会很少，但很有必要。你在学校接触到的老师、教授，就是你向上社交的对象。大学不光是学习平台，也是资源平台，有时候人家帮你办一点事，或许就能改变你的一生。但一位老师有那么多学生，凭什么能单独记得一个人呢？

拿我个人举例：大四那年，我在校园路上走着，刚好看见一位老师，他是我众多课程的老师之一，也是学校的大领导，一位德高望重的教授。我走过去，主动跟老师搭话。我说，老师，我是哪个班的学生。即便老师真的没印象了，他也会说有印象。果然，老师说，我记得你。我接着说，老师，我马上大四毕业了，以后回来的机会很少，您看方不方便加您的联系方式，以后可以向您多多请教。这种情况下，除非老师那天心情特别不好，或者你之前得罪过他，否则他是不会拒绝的。

之后每到过年，我都给老师发微信消息，非常真诚地写一段话，包括这一年遇到的事情，和对老师教诲的更深理解，以及新的一年对老师的祝福。对于老师来说，最欣慰的莫过于学生干得不错，且一直感念师恩。收到这样一段话，比收到名贵礼物还开心，而我也不是为了奉承他而说假话，我真心对老师心怀感恩，对指点过我、帮助过我的人都很心怀感谢。

我向上社交不是为了求人办事，但我就是愿意把关系得维护好。我给老师的一点精神回报，跟钱毫无关系，但老师心里暖和了。大学一个班有上百人，有些老师一年要教上千个学生，一年又一年的，得有成千上万的学生，老师能记住几个？

但是每次我一回去，那位老师看到我发的朋友圈，就会让我去家里吃饭，让我受宠若惊。有时候，老师还会主动关心我，问我最近在忙什么。我会如实跟他汇报，老师也会介绍朋友来帮我。

有人问，是不是只有在中国才送礼，在国外就不用送礼了？当然不是，在国外也得送礼。

我在英国留学的时候，班里有个同学特别懂人情世故。那天上完课，他拎了两盒茶叶给老师送过去，英国老师看到是中国的茶叶，高兴坏了，连连夸赞他。

后来有一回，我和这位英国老师喝酒，边喝啤酒边看足球。我问老师，你们这边也喜欢送礼吗？我以为就我们那边才喜欢呢。他跟我说，people always people，人总是人，到哪儿都一样。

这句话，我记住了。

第三阶 创业

先占领，再优化

要认清自己，知道自己有什么本事，有什么优势。
一定要做你最有优势的领域，
而不是看别人做什么挣钱，
你就跟风去做什么。

用商业思维赚到第一桶金

很多朋友问我一个问题：我现在二三十岁了，不想上班，想去创业，该怎么做？我该怎么赚到人生的第一桶金？

曾经这也是困扰了我很久的问题，在此把经验分享给各位。

我在短视频里提到过很多次，毕业后，我也是老老实实地去上班，但每天都觉得枯燥乏味，而且知道工作的天花板在哪儿。这里既包括自己能力的天花板，也包括人生的天花板。

那时候，几乎已经没有互联网的红利可以吃了，我没办法通过在互联网大厂上班实现财务自由。尽管脑子里有创业的想法，但想的依然是通过做软件实现互联网创业，做平台、拉投资。当时的我还不太明白商业的本质，只能看到它的表象，所以更加专注于我要做什么，而不是怎么做才能赚到钱。后来我用了很长的时间学习并理解了什么是做生意，即商业的底层逻辑。

商业的本质是低买高卖，即用尽可能低的价格买进，再用尽可能高的价格售出，不管你是做代理，做二手车、二手房，做房地产开发商，还是做互联网，都离不开低买高卖。你所挣的利润就是中间差价，这是商业的本质。同时，这也是我说的“道”。而你具体用什么方法实现它，不论你是搞养殖、种地、卖产品也好，还是卖服务也罢，这是你要找到的“术”。

为什么很多人当了老板之后，就当不了员工了？因为他掌握了这个“道”。

“有道无术，术或可求；有术无道，止于术”。有了最基本的商业思维之后，你可以思考任何问题。

比如，我在逛一个景区的时候，就可以算出景区大概投入了多少资金，能有多少盈利。我在景区道路岔路口看到一家咖啡店，人流量很大，我会大致预估店铺的租金是多少，客流量有多少，营业额有多少，就能算出个大概，再看有多少员工，产品成本多少，利润有多少。当然有准确的数据更好，我就是闲来无事算着玩的。

做这种计算，对我们真的非常有用。

我当年上班的时候就算过这样一笔账。当时我一年能赚二十万，花费十万，能攒下来的差不多也是十万。如果我要想拥有一百万，得攒十年。那时候我就想了，我这辈子什么时候能攒下来一百万啊。后来，当我想明白商业的底层逻辑之后，我挣到人生的第一个一百万，只用了二十多天。

可以这么说，当我明白了商业的本质之后，赚钱就变成了一件很简单的事情。我的很多老粉丝是亲眼见证了我是如何赚到第一桶金的。

那时候，我还在英国留学，知道英国有一种苏格兰羊绒围巾特别有名，各国游客来到英国后会去专营店购买。2020 年后，游客数量骤减，商店里的货物也不能总是压着，就开始打折出售。我注意到有很多留学生去买，但当时我没接触过，也不懂得其中的原委。

后来，我专门研究了一下，并找到了专营店的上一环，也就是供应商。于是，我和他们聊合作，承诺自己可以帮他把货物卖出去，但是他得给我比较低的价格。一开始他不给，直到我说冬天就要过去了，春天要来了，你们囤而不销，来年还能卖出去吗？我们谈了很久，也谈了好多次，最终他被我说动，就给了我一个非常低的价格。这个价格比他从工厂拿货的价格还要低，因为他必须把那批货卖出去，否则就只能压在手里，变成负资产了。

那时网上刚兴起了直播带货，我就在直播间里卖了一下，没想到销量非常好。因为价格实在太便宜了，比顾客从国内飞过来购买的价格还要低。

其实，那批货刚开始时也稍微赔了点钱，因为抖音刚出了投流机制，我就试着投了几万元，选择推送的是二十岁到五十岁消费能力强的女性用户。我对这个客户画像很有自信，但我忽略了一点，没留意到地域。没想到流量都投放到浙江那边去了，那一带的人不怎么戴围巾。但幸运的是，总体算下来那批围巾卖得还不错，赚了一点钱。

后来，国内的同行发现了我做的事情，联系上了我，说我卖得太便宜了，扰乱了市场价格。我卖的价格是将近六百元一条，他卖的价格是将近一千元一条，差距的确有点大。我刚开始做生意，不知道该有多大的利润，也不知道能持续做多久，当时的想法特别简单，能挣点钱就行。于是我干脆把剩下的围巾都卖给了那位同行，由他去销售，省了我很多事，他也赚到了利润，一举两得。

这就是我赚取人生中第一桶金的故事，从中应该能简单直观地理解商业思维是怎么回事。

“出身寒微不是耻辱，能屈能伸方为丈夫。”商业逻辑并不像我们想象得那么高大上，通晓它的本质之后，**细心留意生活中的机会，能够弯下腰来做一些简单的事情，同样可以赚钱**。

创业就是要不断看清自己

前两天看到一则新闻：根据最新的统计数据，2023年中国的创业人数已经超过一千五百万了，在全球排名第二。与去年相比，中国的创业者数量增加了 20%，这个增长速度在全球领先，而且预计未来几年还将持续增长。但是，中国的创业者多，成功率并不高，只有不到 5% 的创业者能够获得成功。因此，大多数创业者都面临着巨大的挑战。

我也是创业者，在帝国理工留学时期赚到了第一桶金，创业之路就算真正开始了，这么多年都没停止过。不能算多成功吧，但也有了几十人的团队，过上了衣食无忧的生活，看见一些弟弟妹妹奔赴在创业的路上，就想分享一点经验，希望更多的人能创业成功，过上自己想过的生活。

我觉得，创业之前要想清楚三点。

首先，要看清市场，这是非常重要的。听起来似乎很空、很大，其实很好理解，比如很多人爱喝“东方树叶”，我想问一个问题，它是饮料吗？

有人说，当然是饮料了，一瓶五元，就是饮料的价格，而且跟饮料摆在一起。但实际上，它是在饮料的赛道上竞争吗？如果你喝东方树叶，或者你身边有人喝东方树叶，你可以问问他们，是把东方树叶当成饮料的替代品，还是当成矿泉水的替代品？

这个问题我调研过，答案是矿泉水。东方树叶真正的对手是矿泉水，而不是其他饮料。

而矿泉水这个市场有多大？这么说吧，曾经先后出过两个首富，一个宗庆后，一个钟睒睒。可见矿泉水这个市场有多大了，大到从这块蛋糕上掉点渣渣，就够你吃得饱饱的。

其次，要找一个现有的、成熟的、足够大的市场，再用创新的方法从蛋糕上面切一块下来。

自己做蛋糕是非常困难的，尤其是对于初创企业来说，你要做的是借势，而不是造势。比如，我做旅游，很多人跟我说，你是东北人，东北有那么多好山好水好风景，不如就做东北旅游吧，把那里一年四季的旅游都做起来。

我说，东北旅游确实是很大的市场，但东北旅游的优势是冬天，把冰雪相关的项目好好做起来，做到极致，服务做到位，就非常好了。至于东北的夏季旅游，很多大公司投入资金，很多大网红去宣传，都没做起来，我也没那个能力。我们千万不要妄想，“别人干不成的事，就我能干成”，这个想法极其危险，你得顺着市场走，不能逆着潮流来。

与其我投入巨大的精力死磕东北的夏季旅游，不如把精力花在那些夏季旅游原本就很旺的地方，再把服务做到极致。比如新疆，我们做与不做，都有很多人去，9月份的喀纳斯，号称“神的后花园”，得有多吸引人？因为游客要去新疆，所以才选择了我们，而不是因为选择了我们，所以去了新疆。贵州也是一样，黄果树瀑布一天游客五万人，而这五万人是黄果树瀑布能承载的极限，并不是游客的极限，是因为这个市场够大、够火，我们才能在里面做。

东北的冬天也是如此。2023年的冬天，东北旅游太火了，那是我们自己造的势吗？并不是，是因为冰雪大世界太具有地域独特性了，它本来就很火，这个市场本来就很大。

最后，要认清自己，知道自己有什么本事，有什么优势。一定要做你最有优势的领域，而不是看别人做什么挣钱，你就跟风去做什么。

大部分人创业不知道该干什么，最后做什么了呢？餐饮业。这是很多人为了创业而做出的创业选择。餐饮业好干吗？我觉得难。原因很简单，你看看现在经营餐饮业并且能挣到钱的是什么人？是老餐饮人。说白了，是在这个行业内打过多少次滚的业内翘楚。

你见有几个新人，对餐饮业一知半解，一点没有实操经验，随便开个饭馆就能挣钱的？因为你没有优势。可以问问自己，你自己做饭好吃吗？有特级厨师证书吗？是老字号吗？有供应链优势吗？一盘鱼香肉丝，如果成本是八元，卖十五元，去掉房租、人工等各项成本，你会发现不但没赚，还赔了，而预制菜的成本可能只有两三元，你拿什么跟别人竞争呢？

如果你已经下定决心创业，那我还有两点有必要提醒的。

第一点，要养成“算钱”的习惯。就像我每次出门，看到各种店铺，小到路边的烤肠摊，大到商场、超市，我都会在心里模拟算账。比如，中午去一家饭馆吃饭，我一坐下来，就环顾一圈店里的装修，浏览菜单上的品种和价格，按毛利率 50% 算，大概就能算出这家店一年能挣多少钱。然后，我再想想为什么这家店生意不错，旁边那家就不太行，差在哪里了。

我每到一个地方打车时，都会跟司机闲聊几句，问问他一天能挣多少钱，最近接单多了还是少了。他一天能赚多少，就能反映当地的经济水平，跟我在此处做旅游项目有很大的关联。

第二点，一定要大量听取失败案例。比如你想开个店，就先去了解这个店的“前任老板”为什么干不下去了，你应该规避什么风险。知道别人是怎么失败的，你才能有机会能成功。

还可以把范围扩大点，各行各业的都了解一下，多听听失败案例，多了解一下别人走过的弯路和掉进去的坑——用耳朵去试错，别拿钱去试错。

先占领，再优化

很多人发私信问我，为什么能快速切入一个新的行业里，是不是因为当过兵，执行力特别强呢？

执行力肯定是有的。我爸妈做事就特别快，不磨叽，不拖延，我从小潜移默化，受到了很大的影响；大学五年的军事化管理，也让我养成了立刻行动、令行禁止的习惯，不过更重要的是，我有一个信念，也是我多年的座右铭，是美国硅谷流传的一句特别经典的话：move fast and break things，翻译过来是：快速行动并且打破一切。

但我觉得它的中文意思应该是：**先占领，再优化**。

无论做什么事，如果你觉得自己能做到六十分，那就马上去做，先把市场份额占住，然后快速优化。而不是要等确保自己能做到八十分、九十分、一百分了才去做，因为等你准备到如此充分，可能这个事情的风口已经过去了，性价比不高，错过了最佳入场的时机。

其实，我这些年做了很多项目，大家看到的是做自媒体，做电商，做旅游，这是因为做得还可以，才被你们看到了。除此之外，我还做过留学、文创、剧本、短剧等很多事，但当我觉得遇到大的阻力，而且短期内无法解决，我就果断放弃了，马上去做另一件更有意义、更有性价比的事。

先占领市场，然后再快速优化。如何优化呢？我有两个小心得，浅浅地分享一下。

第一，去向这个领域的明白人取经。

什么叫明白人？他在这个行业吃过亏，花钱买过教训。最怕的是纸上谈兵的明白人，他可能有一定阅历，见过很多事情，口才好，说起来头头是道，但是他不会干，他所说的都是他看到的、听到的、以为的，不是他自己亲自经历过的。

而且取经的时候不要听他是怎么成功的，而是要听他的失败经验，曾经在哪里吃了亏，在哪个环节摔了跟头，这背后的原因是什么。这些东西你肯定会遇到，如果听明白了，就知道应该怎么规避。

举个例子，有人向我咨询电商业务，尤其是生鲜电商和进口商品，我指定讲得明明白白。都是巧克力，原料不同，价格也不同；都是水果，一等果、二等果、次果的价格差距有多大；同样是松子，炸一两锅换一次油，和炸二十锅、三十锅才换一次油的成本能差多少？用不同的油，成本又能差多少？这种操作手法，顾客买的时候根本看不出来，但如果送去检测，各项不好的指标会超出好几百倍。在这些领域我是专业的。但如果你问我开饭店的门道，我是真不懂。

第二，集中精力打通自己的商业通路。

话说回来，我做自媒体四五年了，很多粉丝看着我一步一步成长到现在。我见过太多博主朋友非常焦虑，仿佛失去了创作灵感和能力，不知道还能拍点什么。网络时代的可选择性太多了，哪怕你是千万粉丝级别的博主，可能今天有很多人追你的视频，过段时间就不爱看了，或被其他更有意思的内容所吸引了。

我在很早之前就意识到这一点，纯靠内容创新来突破瓶颈是非常难的。那该怎么办呢？我必须把我的商业跑通，把垂直领域的业务做好，才能不受制于平台的流量波动。我们自己的电商越来越成熟，不管是我们的网红导游小祁，还是哪个博主想加入，都可以直接在我们的赛道里跑通，不用再去摸索和组建，而是可以很快变现，并持续发展。

占领之后的优化是持续不断的，我这些所谓做成的事里，一直在不断地摸索新的优化之路，才能做得越来越好。一个朋友喝醉后对我说，怎么你小子什么都能干成？其实真不是，只是事情没干成的时候我不说，等哪天干成了我再让人知道，到时让大家眼前一亮。

人怎么能成事

我有个心气很高的同学，整天想着要做大事、赚大钱，但一直怀才不遇。那天，他跟我倾诉了这个烦恼，让我给帮他解解惑。于是，我仔细品了品“成事”二字，忽然意识到，我们从小就被教育长大了要成事，但什么才叫成事呢？做大事、挣大钱才叫成事吗？能够被叫出名字的大佬就那么几个，百年企业也能数得过来，世界上更多的是普通人。

我认为，不管是大事还是小事，大生意还是小项目，把事做成了就叫成事。能力大责任更大的老板们在成事，做电商养团队养家的我在成事，开饭店的、带娃的、上班的、出差的……每个人都在成事。成事无处不在！

那么，我们该如何更好地成事呢？

首先，你得自己“骗”自己。无论从事什么行业，无论是大工程，还是小项目，你只要想做成，心中就要有一个信念：**这件事我一定能干成！**

很多人不理解，为什么老板总喜欢给员工画饼？因为他也得先给自己画饼。明天才能发生的事，今天谁也不敢百分百地笃定，所以很多老板都不知道自己能不能做成，就必须先给自己加油鼓劲，告诉自己“一定能行”。

这也是很多老板愿意花钱去听成功学讲座的原因。有些成功学讲座，演讲者仿佛打了鸡血，声音高亢，手舞足蹈，听得人热血澎湃，普通人可能都听不下去，甚至想笑，但不少老板却愿意听。为什么？因为他们得催眠自己，坚定地相信自己能成事，才能支撑他们扛着普通人想象不到的重担继续经营公司，继续往前走。

所以，“画饼”不是贬义词，它只是一种强烈的心理暗示，从心理学的角度来说是有积极作用的。我们在工作中也一样，如果想做成什么事，也可以给自己画个饼。

第二点，选对身边的人。

选什么人做队友很重要，切忌身边那些总是抱怨的人，一定要抓紧时间远离他。否则他天天跟你发泄负面情绪，往你这里倒思想垃圾，用不了多久你就会发现，他的不幸可能已经转移到你的身上了，你也会变成像他那样只会抱怨了。

另外，挑选对手也很重要，要跟聪明的人博弈。记得在巴菲特股东大会上，芒格说过一句话，“不要跟猪摔跤”，我特别认同。有些人跟你的认知、三观都不一致，就算有业务往来，但这份工作能有多重要？只要没到天花板，你就可以选择远离他。好生意、好项目多得是，千万别跟不值得的人耗时间、耗精力、耗金钱，你的时间多宝贵啊！

最后一点，要审时度势。

时势造英雄，如果你赶上好时候了，那就努力干；如果没赶上好时候，那就蛰伏，养精蓄锐。我有一个朋友，2020年前后，突然爆发事业心，非要创业，一头扎进实体生意。结果第一年赔了好几百万，第二年又赔了好几百万。两年之后，各行各业开始复苏，可以大展拳脚了，他已经彻底没本钱了，心气也没了，什么都不想干了。

古人讲得好，顺势而为，有时候大势没来，时机尚不成熟，就别硬干。**要放平心态，人三起三落过一生，每个人都有顺遂的时候，也有跌倒的时候**。马云怎样？刘强东又怎样？俞敏洪又怎样？许家印又如何？大佬都逃不过这个规律，每个人都一样，人生有高有低，有起有伏。

明白这一点后，我们就灵活点，别在市场不成熟或自己准备得不充分的时候，一味地蛮干。努力也得讲究性价比啊。如果每天都筋疲力尽的，却在原地踏步走，甚至倒退，那就是瞎努力，并不是你主观上付出努力就能改变的。这时候，不如休整一下，养精蓄锐，等“势”来了，时机成熟了，你再闪亮登场，或许收获更大。

这就好比等电梯和爬楼梯，你要去三十二层，只能从一楼乘电梯，但电梯迟迟不来，有人等不及了，转身去爬楼梯。气喘吁吁，两腿打战，才爬到十六层，放弃吧？不甘心，已经爬完一半了，只能咬牙继续往上爬。终于到达三十二层了，却发现刚才执意要等电梯的同事，已经乘坐电梯到达了三十二层，正在接待客户呢。我们能说爬楼梯的人不努力吗？但似乎又很难认可这种努力。

最后，给想成事的人画个饼。不管你在做什么工作，哪怕现在还没取得什么成就，放心，你肯定行，早晚能支棱起来，早一天晚一天的事。

保持敬畏之心

昨天，我和公司的营销总监聊天，聊到了一个话题：我这个人最大的优势是什么？他说，最佩服我的是，能及时收手，不会因为利益而放弃原则。

比如，2023 年冬天，我们的旅游项目特别火爆，一个月的业绩就达到了两千万，但我认为已经到了公司的饱和工作量了，就让同事关闭咨询通道，不再接单。可以这么说，哈尔滨、长春，整个东北的旅游都非常火爆，全国各地的游客，包括“小砂糖橘”“小熊猫”“小当归”纷至沓来，我们明明可以做到每个月三千万、四千万的业绩，为什么有钱不赚呢？

根本原因是我必须保证旅游项目的质量，保证我们的服务质量和用户体验。我要把目光放得长远，要长久地做下去，而不是为了挣快钱而砸了公司招牌。公司的几名骨干起初并不能理解，他们觉得，时机这么难得，错过了就没有了，不如先把活儿接了，后面再研究怎么才能做好。我坚持说不行，一定要把旅游产品的品质做好。

钱重要吗？当然重要，但有的东西更重要。我知道红线在哪里，坚决不能去踩。

对于营销总监的说法，我非常认可。其实，这是一种自控力，我认为，自控力是个人成长过程中一定要掌握的能力。

举个例子，我们都知道不能打架斗殴、不能抢劫、不能偷东西……那是违法犯罪，会被警察抓走。这是自然人在社会上生存的基本常识，因此，要控制自己的冲动情绪和反应，不能情绪一上来，就违法犯罪了，那肯定不行！

这是人对自身情绪的最基本的控制。这种自控力的根源是什么？是对法律的敬畏和恐惧。换言之，我们要有敬畏之心。

除了最基本的自控之外，人类还有更高级的欲望，那就是设立一个更长期的目标，用高级的欲望来抵抗低级的欲望。比如，很多女孩都说要减肥，因为你知道瘦下来了能让自己变得更漂亮，会获得其他人羡慕的眼光，此时，你的高级审美的欲望就战胜了低级的口腹之欲，就更容易做出符合你长期利益的决定。

所以，**控制自己就是要学会说“不”，学会拒绝那些影响你长期利益的事情**。

我见过一些发迹很早却误入歧途的企业家，三十多岁就做出了突出的业绩，只要这辈子不乱投资、不违法乱纪，就已经能拥有花不完的金钱了。但是，他们偏偏看不到这一点，要么是妄自尊大，无视法律，最后落得个家破人亡的下场；要么是有点钱就飘了，觉得自己干什么都行，胡乱投资，最后落得个人财两空的局面。

在我看来，这些企业家多半是失去了敬畏之心，觉得自己什么都能行，什么都能解决。殊不知，一个人如果控制不了自己，尤其是控制不住对金钱的欲望，就会在欲望的驱使下，掉进更深的欲望陷阱。

《酒色财气》唱得好："酒是穿肠毒药，色是刮骨钢刀，财是惹祸祸根，气是雷烟火炮。"钱永远没有赚够的时候，但人的生命总有终结的时刻，如果被钱困住了，人生之路就会坦途变悬崖，轰然下坠。

"眼见他起高楼，眼见他宴宾客，眼见他楼塌了"，这样的事情见得多了，我的内心就生出更深刻的敬畏之心，时刻警醒自己要引以为戒，管好自己。

知道什么时候该放，该放的时候勇敢放手；知道什么时候该收，该收的时候一定要收住。其实，很多人不缺冲劲，不缺闯劲，也不缺智慧，但就是难以成事，缺的是什么？缺的就是自控力。他能抓住机会，并且能发展得很好，但不知道什么时候该收手，不知道什么时候必须收手，尤其是年轻人，更是如此，正应了那句话，“年少成名大不幸”。

所以，控制自己是一种修行，对自身的控制力越强，就越能幸福，在学习和工作中，也能取得更多的成绩。

普通人如何赚钱？

“普通人还能赚到钱吗？”最近，我总能看到有人讨论这个问题。

有人把自己挣不到钱归因于阶级固化、资源垄断，并且会悲观地认为，普通人已经没机会了，奋斗没意义了，余生只能在摇头叹息中度过了。

我觉得，年轻人不能这么想！现在社会真的阶级固化、资源垄断了吗？我不知道，但我知道的是，这跟你挣不挣钱没有关系。说句最直白的，你想挣的那点钱，扯不到阶级固化这个层面上。我相信，年轻人的目标一般是年薪几十万或几百万，肯定不可能上来就要挣几十个亿吧。

对于普通人来说，年薪想要达到几十万到几百万，机会多不多？不算多，也不算少。其中，风险最小、效率最高的是读书。上个好学校，读个博士，毕业后找个好工作，年薪肯定能达到几十万，再积累积累，年薪肯定能上百万。

如果你上学时没好好读书，成绩不够突出，又该怎么挣钱呢？那你要么能吃苦，要么脑子聪明，要么踩对了行业风口。我认识很多人白手起家，几年的时间里，挣了几百万、上千万，从事各行各业的人都有。我总结一下成功者的共同点，虽然他们所在的行业各不相同，但在我看来，他们挣钱的办法是一样的，就一句话：**降低边际成本**。

什么叫边际成本？就是产量每增加一个单位，你的总成本的增加量。

比如，你是一名英语老师，你给一个学生辅导一节课是一千元，耗时一个小时，那你投入的就是你的时间成本，你每工作一个小时，就能赚一千元。哪怕你的收费提到一千五百元、一千八百元每小时，都无法产生质的变化，但如果你把课程录成视频在平台上售卖呢？一节课哪怕卖五百元，你可以卖给一千个人，卖给一万个人，而你付出的劳动，还是这一个小时的劳动，那它的边际成本就几乎为零。

从目前的情况来讲，做生意想要降低边际成本最有效的方法是通过互联网渠道来扩散自己的影响力，无论是电商也好，广告也好，就连教育、医疗、咨询、服务等行业，运营变现的底层逻辑大抵如此。

昨天看见一则关于张雪峰的新闻，据说他每年光靠讲课的收入就有几百万，这件事说明什么呢？说明他踩在自媒体的风口了。他有这么高的收入很正常，我认为他没有说谎，甚至可能还谦虚了呢。近几年，我遇到的那些每年赚到几百万、上千万的人，恰巧都是家里条件很差，店面都租不起，为了节省成本才转到线上的。他们有的做自媒体，有的做自媒体的上下游产业，但无一例外，都跟自媒体有关，并且都获得了很好的结果。

反过来看，近几年听说过哪个新人白手起家，进入制造业赚到钱的吗？少之又少，因为大部分实体生意已经是“红海”了，只有头部那些人才真正能赚到钱。普通人盲目跟进，很可能就会成为金字塔的底座。

这就是普通人的机会。

具体做法就是，想办法用自媒体和其他产业做结合。比如，你是开书店的，或者是卖海鲜的、卖水果的、卖肉的，又或者你是教文化课的、教唱歌的、教体育的，哪怕你是骨科医生、牙医……都可以把你现在做的生意拿到电商平台上去做。

那未来哪些行业会更好做呢？其实，很早之前马云就讲过一个事，他说制造业解决不了就业问题，服务业才能做到。因为制造业的工人会越来越多地被机器人所取代。当时这句话很多人都不信，现在却已经成为现实了。很多工厂原本需要几百、上千人，换了一套全自动流水线的设备后，可能只需要几十个人了。

很多社会学家、经济学家做出了一个预判，2035 年是人类重要的一个时间节点，因为那一年将实现全面现代化。如果按照现在的发展速度，到时候，全民的消费水平会有很大的提升。有专家预测，届时全国平均的消费水平可能达到现在的北上广深的消费水平。这意味着全国将进入一个大中产的环境。中产的刚需是什么？是品质和体验。

所以我认为，在未来，与服务相关的行业会有比较不错的发展前景。

值得注意的是，我刚才提到的是消费能力上升，并不是说人们会更幸福。原因很简单，就我们现在的消费能力，比十年前、二十年前翻了都不知道几倍，但是我们并没有感觉更幸福。前两天，在巴菲特股东大会上，芒格还说了一句话，世界不是由贪婪驱动的，而是由嫉妒。什么意思呢？是指人类的本心并不是想得到很多，而是要比别人得到更多。这句话也解释了，为什么中产会更需要品质服务，因为那会带给你优越感。

所以，对于普通人来说，别摇头气馁，别自怨自艾，机遇一直都在，甚至比我们父辈所处的时代要多得多。只要你肯用心，敢尝试，愿意努力，肯定能赚到钱。

“三无”阶段的人如何挣钱？

今天看到一个热议的话题：当你没钱、没经验、没技术的时候，该怎么挣钱？评论最多的是：送外卖、送快递。我认同，但心里有不同的答案。我就从最擅长的领域——自媒体和电商这部分简单地阐述一下。

时至今日，我仍然认为：自媒体行业才刚刚开始，至少还有三到五年的红利期，而如何实现线上和线下相结合，将是接下来的重点。我是从 2018 年开始接触电商，2019 年做自媒体，同年正式进行电商创业的，到现在已经做了四年了，不能说做得多好，只是有一点点经验想分享一下。

为什么我会从自媒体和电商两个方面说？因为有些人适合做自媒体，有些人适合做电商，分别代表了流量和产品。

在我看来，生意的本质是一样的，开工厂也好，在互联网公司做软件也好，都要具备两点：一个是销路，一个是产品。就像以前开工厂，两个人就能干，一个是技术员负责产品，一个是业务员负责销售，老板必须抓住一部分，工厂才能经营下去。现在也一样，如果你觉得自己适合与人沟通，自认为情商比较高，就比较适合做自媒体；如果你的智商比较高，相对踏实肯干，就比较适合在后面做产品。

先讲讲自媒体应该怎么做。牢牢记住一点，自媒体不能当朋友圈，随便发布自拍照片。我之前带过做自媒体的新人，很多长得比较好看的小女生特别喜欢发自拍，我恨不得一天提醒她们十遍，不要随便发自拍，而是做正向价值的输出。哪怕是分享你用什么化妆品，你用什么居家好物，哪怕是简单的经验分享，比如学习经验、恋爱经验，甚至是养宠物经验都可以。

也有人觉得苦恼，为什么我已经这么做了，却还是不火呢？那是因为你的内容没有做好。这个时候你肯定会想花钱买点流量行不行？我直接跟你说，不行。如果花钱就能做好的话，那些比你有钱的自媒体博主早就比你做得更好了。

除了深挖内容之外，还要做什么呢？找准方向。如果你的视频内容是做饭，那就一直在这个领域深挖；如果是宠物，就一直分享养宠物的经验、分享宠物视频，保证内容细分且垂直。如果非要发点别的内容该怎么办？可以交叉，但不要太多。

最后一个非常重要的点是差异化。你要揣摩观众为什么看，换位思考一下，如果你是用户，看到这样的视频会继续看下去吗？你会想看到什么样的有趣的内容？同类账号的内容是什么样的？怎样才能更吸引人？方法很简单，揣摩，学习，坚持。

接下来讲一下电商。抖音电商是我非常看好的赛道，不过，同行竞争的压力比较大，但是没关系，竞争大说明收益好。电商适合什么人做呢？适合自己有粉丝，或者能吸引粉丝的人。运营体量会很轻，你甚至可以连货都没有，只会店铺运营就可以，非常省成本、好上手。

有些人刚开始做电商就问，我该投多少钱？每次看到这种问题，我就想你的钱可真多啊，不想着怎么赚钱，为什么总想着投钱呢？

我刚开始做电商时，只有一万元的本钱，后来越做越好。一般来说，电商行业的风险还是比较小的，因为你没有实体店的房租、人工等硬成本，前期基本没什么成本。除非你的业务做大了，需要招人了，那会产生相关的人工、运营的成本，但前提是你已经挣到钱了，才可能会扩大规模。

有人说做电商赚的是辛苦钱，一天二十四个小时在线，随时回答顾客咨询的问题，只能挣点小钱，想做大、做强是非常困难的。确实如此。但现在做什么不辛苦呢？在我看来，这已经是对小白非常友好、上手最快和回款最快、时间也相对自由的工作了，你只需要有一部手机，有一台电脑，总比熬夜追剧、打游戏有意义多了吧？

第四阶 扩大

接住流量，守住原则

强者恒强，弱者恒弱，
你越是表现得积极正向，你收获的反馈也是积极的；
如果你每天都在抱怨，宣泄负面的情绪，
你遇到的事也往往会充满坎坷，并且很难满足。

找准优势，进军旅游市场

前阵子看到了一个热搜，三亚有一位女导游因为强制客人购物被罚款五万元，她所在的旅游公司被罚款三十万元。说实话，我挺感慨的。

一方面，人们出去玩是为了开心，碰到这种导游，不是给人添堵吗？介绍景点成了走过场，食宿条件想必也不会太好，心思都花在哪里了？都花在忽悠游客去购物上了。游客们本身就对旅游的体验不太满意，还要被强制购物，肯定不乐意啊！不曝光他们还等什么呢？不管是游客，还是做旅游生意的人，我都希望这种旅游乱象能少一点，让出门旅游的人能好好玩，享受难得的假期。

另一方面，希望游客们在选择旅游团的时候，不要贪图便宜。一般来说，有购物安排的旅行团的价格比正常旅行团的价格要低很多，因为导游的绝大部分收入就来自游客购物的提成。事出反常必有妖，如果各家旅游团的价格都在一万元左右，某家只要一千元，不管什么理由，都要三思，因为这不符合市场规律。

商业就是这样，“自古深情留不住，唯有套路得人心。”天上没有掉馅饼的事，所以千万不要贪图小便宜，否则后面可能会花更多的冤枉钱。

同时，也更坚定了我要做高端旅游的想法。

进入夏天后，三亚已经不是我最先切入的理想地了。那么选择哪里呢？新疆。我们可以看到一组数据：2022年7月，新疆五天接待游客八百八十五万人次，各大景点的游客井喷式增长，很多景点的游客增长幅度超过100%……我已经去踩点了几次，每次都真切地感受到，新疆快被各地游客挤爆了，而此时此刻，在我写这些文字的时候，仍有大批游客前往新疆。

从 2020 年到现在，旅游行业不景气，很多旅游公司都倒闭了，所以此时的新疆旅游业正处在百废待兴的阶段。机遇从哪里来？这不就来了嘛！于是，我当机立断，做新疆的高端深度游，很快注册了公司，招兵买马，引进优秀人才，并带了一些团。

估计有人会问，这也太草率了吧？其实一点都不草率。

首先，我一直信奉“先占领，再优化”，新疆旅游百废待兴，我必须以最快的速度占领市场份额，然后再快速优化和迭代。

其次，我并非拍脑门决定的，而是仔细分析了自己的优势。

1. 目标客户群非常明确，只做中高端游和高端游。这部分的客户群不差钱，但他们缺少时间，好不容易挤出时间出来旅游，就要体验好玩的，充分享受快乐。他们的潜台词是：我花钱买服务，价格高点没关系，但要和服务体验匹配，别套路我，让我玩好就行。

对于这种客户群，我们要做的是确保服务好。在开始的几个团里，我发现了一些小问题：有一次，我们的一个团在特克斯选择随便住在了一家特色民宿。我们提供的住宿标准一般是 4 星、5 星的，是当地住宿条件最好的，但那天特色民宿里搞了个烧烤计划，每个人都玩得很开心，领队就直接安排大家住在特色民宿里了，房间也很大，条件还算不错。

但是团里有个姐姐给我打电话，说玩得确实好，在这儿搞烧烤也不错，但是住宿这一块觉得还可以再提升一些。当时我在外地，马上就给领队打电话，让他立刻换到当地最好的酒店。那时天已经晚了，现定酒店的价格特别高，但是无所谓，服务一定要做好。给那个团送机的时候我去了，那个姐姐特意跟我说，玩得特别好，服务也很棒，下次还带朋友来。

从这件事上我发现了，很多别人说“还可以”的东西，在高端客户里就是“不太行”，所以我后来重新定了标准，坚决不要“还可以”三个字。

2. 安全问题。有人觉得，出去旅游能有什么安全问题？这不光是游客的想法，也是很多导游、司机的想法。但是我见过另一家旅行社的一次安全事故，他们主打私人定制旅游，却随便找了一个司机。那个司机在某个景点遇见另一个带团的司机，两个人是朋友，晚上边喝酒边聊天，一直喝到凌晨四点多。第二天早上，那个司机开车时迷迷糊糊的，最终出了车祸。

我们公司的司机在接团期间不允许喝酒，晚上也不行，车速不允许超过前面的领队车。如果这条路限速100公里/小时，我们就开80公里/小时，慢一点没事，哪里有美景就在哪儿停，一定要把深度和体验做足了。按道理来说，旅游旺季正是挣钱的时候，很多司机下了这个团马上接下一个团，这样才能多赚钱，但我们公司规定，司机下团后必须留出一到两天好好休息的时间，把车检查一遍，里外都打扫干净，才有条件再去接团。

3. 摄影师。最开始的旅游团并没特意配摄影师，后来我发现，游客总是去找当地的摄影师，一天两三千的费用，拍得却不好，那些游客连朋友圈都没发，说明他们也很不满意。于是，我决定在旅游团里配上摄影师，而且配摄影水平好的摄影师，把视频和照片都修好了，让游客可以放心随意地发朋友圈。这样一来，不仅游客高兴，还相当于给我们做宣传了，一举两得。

4. 量力而为。每个团的人数有定额，我们接待游客不追求人数多，因为人数多了就容易降低服务标准。新疆一年可能有几百万游客，我们就做一千五百人到两千人，一天一个七人团或十人团，这个份额就达到预期了。

我本人就喜欢到处玩，如今把带别人玩当成事业去做，我很开心，而且劲头十足。其实，不论做什么，都是在跟人打交道，赢取客户的信任，他们自然愿意埋单；为客户带去超过预期的快乐体验，他们还会介绍过来更多的亲朋好友，所以客源也是不用愁的。

当流量来了怎么能接住

2023 年 6 月 30 日，旅行博主“路人甲旅行记”发了一条视频，讲述在新疆旅游途中遇到一个很傻的导游，嫌她逛的商店东西太贵，劝她“别在这儿买，这太贵了，咱们去便宜的地方”；带她吃本地人经常光顾的小店，大盘鸡一百元出头就有一大盆；用相机、无人机等设备为她拍摄美美的照片……还说“他把半个月的行程安排得井井有条，一点冤枉路都没走。总是能避开人群，在景区里帮我们找到一个人少安静的地方，供我们拍照”。

视频的最后，博主感动地说，现在似乎不太鼓励老实人了，但小祁默默地做了这么多，要是不让更多的人知道，就太可惜了。

没想到，这条表扬视频获得六百三十余万点赞，播放量过亿。小祁个人账号的粉丝量从四百多暴增到三百多万，大家都被他的憨厚、真诚所深深打动。

没错，这位网红导游小祁，就是我们公司的员工，他代表的是我们公司的服务理念。他火了，我的公司浪浪星球也火了。

小祁的火是有原因的，为什么呢？

先介绍一下小祁是怎么应聘来的，他是一千多份简历里面唯一一个自己录了视频的。其实，他在我第一次发招聘视频的时候就想投简历，但是他担心自己的能力不够，又去学用单反和无人机拍摄，在我第二次发招聘视频的时候他才投了简历。我一看，小伙子的视频录得不错，就录用了。后来，他一直给顾客拍照，用无人机拍摄视频。博主“路人甲”说来旅游之前还想着要带无人机，旅游公司的主管给我打电话，问要不派小祁去，当时有空闲能接活儿的人里，只有小祁会用无人机。我说行。本来那个活儿不是安排给他的，但只有他会用无人机，就安排给他了。

这说明什么呢？机会总是留给有准备的人。多学点东西总不会吃亏，如果没有真本事，给你再多的机遇也抓不住。你抱怨老天爷不公平，为什么别人都吃得饱，我却吃不饱？实际上，老天多公平啊，它给所有人机遇，只是看你能不能接得住。所以说，人得自己成全自己，要想人前显贵，必得人后受罪。

对于这波突然而至的流量，我们的旅游公司该如何接住呢？六个字：**沉住气，守住心**。

小祁做得很好，每天还是该干什么活就踏踏实实地干什么活，该吃包子吃包子，每天早上第一个到公司，把公司的卫生搞一遍，依然保持那份朴实，甚至对“泼天的流量”也表现得战战兢兢、诚惶诚恐。

很多网友评价他是“笨小孩”，对我们东北人来说，

“笨”是夸人的，指人踏实、兢兢业业。小祁也希望自己能保持这一点，继续勤勤恳恳地工作和生活。

还记得小祁来上班的第一天，我请他去吃面，我故意没拿筷子，就想看他能不能注意到。结果他问了我一句：“哥，你咋不吃？”还没等我回答，就接着说，“我饿了，我先吃了。”我不禁笑了，等他吃饱后，我告诉他，你想做好服务业，眼里一定要有活儿。他一下子就悟了，说，“哥，我确实没想到，但我记住了。”从那之后，他真的做到手脚麻利，眼里有活，还不热情得过头，很有分寸。

我喜欢这种笨小孩，大道至简，这才是真聪明，这样的人能承担更大的责任。于是，我给他“升官”了，他从一线随团摄影师变成了产品经理。

我们公司有两个主要的事业部，一个是旅游事业部，一个是电商事业部，旅游事业部下面又分为各个项目部，比如，新疆项目部、贵州项目部、吉林项目部、海岛项目部。晋升通道一般是从产品经理到项目经理，再到事业部经理。小祁现在的工作，一个是开发新的线路，另一个是寻找线路中的问题。

旅游并不像大家想象得那么简单，很多细节都需要一点一点地抠，一点一点地改。接下来，我们开发的各个线路小祁都要参与，无论是国内的，还是国外的。过段时间，我们还要去趟马尔代夫。我觉得一个人是否成长了，要看他走过多少路，见过多少人，经历过多少事，这是人生最宝贵的财富。

所以，无论做什么，都要脚踏实地地去做，耐心地做好手里的事，美好的事情总会到来。**谁说你傻、说你笨，你都不用担心，老天偏爱笨小孩**。

对我们公司来说，一大波流量向我们砸过来，也要接得住。其实流量是把双刃剑，它能很快成就一个人，也能很快毁掉一个人。所以很多朋友说我们现在好起来了，我倒是觉得现在是最难的时候，稍微有一点做得不好的地方，就会被无限放大。然而，人不可能是完美的，总有做得让人觉得不那么满意的地方。

比如，小祁爆火后，一下涌来几百万条咨询量，整个后台都瘫痪了，我们一个客服一天最多只能接待二百人，于是很多评论说“你们现在火了就不搭理人了”，还有人说“本来考虑报你们家的，现在得考虑换一家了”，我们只能不停地给对方道歉。

无奈之下，我特意安排公司索性停止所有咨询，先把现有的顾客照顾好，必须沉住气，踏踏实实地，一步一步来。越是这个时候，越要拿出 120% 的努力去做好服务。

做难事必有所得

今天一个朋友问我："你什么时候能停？"

我一愣："停是什么意思？'嗝'了吗？"

原来，他感觉我每走一步，对普通人来说都是很不错的成绩了，但是我还要往上走。比如，高考我考了全班第一，考上了国防科技大学，对很多同学来讲，已经令他们羡慕不已了；毕业后我因为受伤退伍，当时确实受到了很大的打击，但我没有气馁，并决定出国读研，去了世界排名第六的帝国理工大学。

这时候，很多朋友都说，毕业后找一个年薪几十万的工作已经非常好了，但我转头做了自媒体，并成为一个百万博主；这时候，我靠接广告，年入百万也不是问题，但我又去做电商，那时候，抖音还没推出自己的电商，我赶上了一个好时机，赚到了人生的第一桶金；回国后又，我开始做电商的上游，就是供应链，恰巧又赶上了直播的红利期，对供应链的需求变得非常大；然后在供应链的生意已经做得很好的时候，又开始去做旅游，做了浪浪星球，谁知又赶上了“文旅的春天”……

很多人都觉得是我命好，我承认，我的确很幸运，但我更认为“生命不息，折腾不止”。人不能停下脚步，一旦停下来，就跑不动了，平淡会让你止步于此。我特别喜欢金一南教授的一句话：“**日常的平淡能杀灭所有的志气，要做自己没做过的事，做难事必有所得。**”

就像我做旅游，是我做的生意里最困难的。因为我所有的生意都是直营，但旅游不是，我不能在网上卖个票，或者卖个团，然后到当地随便找个旅行社让他们去和游客对接，那种做法根本保证不了质量，想要确保服务质量，必须得自己铺好所有的链条，哪怕这个链条非常长、非常重。

说实在的，浪浪星球的突然爆火给了我很大的压力，本来我是要“高筑墙，广积粮，缓称王”，计划用三年时间把浪浪星球的名气打出来，准备先主打零购物，再慢慢提升服务标准，转做中高端的深度旅游的细分领域。结果由于服务口碑好，以及明星导游小祁的爆火，我们浪浪星球的知名度一下子打开了，说实话，我除了高兴，还有点害怕。

浪浪星球爆火后，泼天的流量砸了下来，我的步调也被打乱，想方设法地想接住这波流量，还得保证服务质量，一边招兵买马，一边对接当地的旅游资源。有一种面多了加水，水多了加面的感觉。

所以，我把计划两年后开发的一个项目提前启动了，就是核心业务标准作业程序，希望打磨出一套标准化、流程化的规范，放到黑龙江、贵州、云南等其他任何我想开发旅游项目的地方，都可以直接套用。于是，我更忙了，但还是那句话，“做难事必有所得”。

这个世界上能挣快钱的机会有很多，每天都有新的生意机会、新的赚快钱的机会，有的人选择挣快钱，那是人家走的道，**我选择堂堂正正地走正道**，这是我的选择。再说了，连老天在推着我走，再辛苦也是好事，我的内心充满喜悦。

以积极姿态面对人工智能

今天一个哥们儿给我发来一段小视频，把我乐坏了。视频里我在跳科目三（一种舞蹈），但我肯定没跳过，他是用 AI 技术把我的一张照片制作成了视频，效果非常逼真，几乎把我都给唬住了，可见人工智能的功能有多强大。

近期爆火的 ChatGPT 就是人工智能技术驱动的一款聊天机器人程序，它到底是什么东西？简单地说，它是一个高级版的 Siri，或者是天猫精灵，或者是百度小度，但是它更聪明，甚至已经跟人类的思维相差无几。它能做的事情更多，比如撰写文本，写 PPT，写代码，写论文，等等。

前几天，有位老师在网上说，有很多学生都选择用ChatGPT写论文，但实际上很好分辨，因为学生根本写不了这么好。这也从另一个角度说明了它很强大，至少在写论文这个领域已经超越了那位老师班里的大部分学生。

正因为它很强大，它代表的这一轮AI的突破性发展，让很多人不免恐慌起来，担心自己会被人工智能取代。

那么，人工智能会取代人类吗？会，但是它能取代的是某些工作，比如像我这种菜鸟程序员，早晚被它取代。但我坚信，人类不需要为此而感到恐慌，在短期内它还只是一个工具。

先讲一个历史故事：在19世纪的英国有一个红军法案，那时候汽车刚诞生，马车夫都震惊了，有了这种新鲜玩意了谁还坐马车啊？于是，他们就抗议罢工。后来，英国政府不得不出台法案，规定汽车在与马车相遇时必须停下来，而且在距离汽车前面六十尺之外的地方，必须有一个人拿着旗子走，当他看见前面有马车时，就摇旗让汽车司机停下来，这个法案直接导致英国失去了汽车发展的优势。

现在听起来觉得挺可笑吧，但即便是这种措施，汽车有没有代替人类？有，它只代替了马车夫和人力拉车夫。挖掘机有没有代替人类，也有，一个挖掘机能代替十几名工人。但是人类的生活并没有因此而过不下去。

所以，ChatGPT 可以被视为一种工具，就像电脑一样，而同一台电脑，有的人能用它创造无数的财富，有的人却只能用它斗地主。**工具的进步，以及使用者的能力差距，导致了财富差距的进一步增大**。

什么职业会率先被强大的人工智能所取代呢？机器人专家汉斯·莫拉维克提出过人类能力地形图这个概念，在图中，莫拉维克把人工智能比作洪水，把人类从事的领域比作大山，从山脚往山顶一点一点地被淹没。处于山脚的是算术、象棋等，早已经被淹没了，而翻译、投资处在被淹没的边缘。在这张图被提出的时候，艺术、写作、科学离被淹没还有很长一段的距离，但是随着 ChatGPT 的出现，这些他认为相对安全的领域，似乎也受到了威胁。

但是我认为完全不用太过悲观。有人向 ChatGPT 问过“人工智能会不会取代人类”之类的问题，它是这样回复的：人工智能的发展不会导致所有职业都被替代，相反，它将带来新的机会，推动人类职业的演进。

在人类的历史上，每一种新的技术出现前，都会催生一段恐慌期，比如前文所说的英国汽车行业。汽车刚刚诞生时，马车夫们如临大敌，甚至抗议到出台法案；当电话出现时，各地邮局、电报也出现大面积地倒闭；数码相机出现时，有多少胶卷品牌沦为时代的记忆；而前几年互联网刚刚出现时，各个行业也被冲击得面目全非。随之发生变化的是，一些行业渐渐地消失了，却总能诞生一些我们意想不到的新的行业，比如，像我一样的自媒体人、美妆博主等。

那么，人工智能的思维会超越人类吗？关于这一点，众说纷纭，我就不随便评论了，只想引用一段马云在接受采访时的回答。当被问到对火星上的生活怎么看时，他说我不感兴趣，我刚从火星回来——很多人不是说马云像外星人吗？他顺势当成包袱了。当被问到是否相信人工智能对人类会造成威胁时，马云说他不信，因为我们有“街头智慧”。

如果比做数学题谁更快、更准确，人工智能肯定获胜，但人类的智慧不仅表现在科技、数学等理性层面，街头智慧、闲谈顿悟，包括善意的谎言、情绪等，都是促进人类不断前进的智慧。

当然，我们不能妄自尊大，必须正视这一划时代的技术，不能像鸵鸟似的，只知道把脑袋埋在沙子里，企图躲过周围世界翻天覆地的变化；也不能干等着，等机会掉到头上；更不要等洪水没顶时才惊呼怎么没有船。我们**要拥抱新事物，迎接新变化，抓紧时间好好打磨自己，以一个积极参与的姿态面对充满希望和挑战的未来。**

谈谈如何当老板

“如何才能当好一个老板？”

有很多人问过我对这个问题的看法。说实话，这个话题我不太敢畅谈，毕竟我还年轻，自己创业做老板也没有几年，此时大谈看法未免不妥。我只不过是有一点心得，可以从自身的角度探讨一二，希望能够给人带去哪怕一点点启发，我就心满意足了。

第一点，当老板最重要的能力是什么？我认为是决断力，通俗地讲，就是**能拍板**。

支撑一个人决断力的，是他的业务能力，以及对整个形势的判断。“不善弈者谋子，善弈者谋事”，一个不会下棋的人，只会斟酌某个棋子的得失，而真正会下棋的人，要考虑全盘。老板就好比是一艘船上的舵手，他的职责是为企业看好方向掌好舵，具体的起锚、收帆的活儿就不需要老板亲力亲为了。作为老板，最重要的职责就是掌舵。

第二点，当老板最重要的责任是什么？我认为是给员工**发工资**。

不论一个人再好，再有理想和抱负，如果不能按时给员工发工资，那么这个老板就是不合格的。你不能把自己的理想强加在别人身上，员工跟着你干，不求大富大贵，起码你得让他们能赚到工资。我们都知道，市场很难，经营很难，但是没办法，老板就得扛起这份责任。

第三点，企业文化要好，老板个人作风要硬。

作为老板，如果只懂得吃喝玩乐，甚至生活作风不正，会得到员工的信服吗？你到底是想踏踏实实地做事，还是想捞一笔快钱，员工肯定能看出来。他们也会考虑，这个老板能不能继续跟着，能不能在公司长时间干下去。

第四点，老板的眼里得能容得下沙子。

尤其当公司壮大了，员工人数多了，难免有偷懒摸鱼的，有耍心眼儿的，有工作失误的……这很多东西你看见了，但不能说出来，你得压在心里。要是你看见了什么就立刻说出来，如此沉不住气，那业务没法推进，人员没法管理，公司就没法干下去了。

第五点，老板要有非常强大的心理建设能力。

公司发展得好，你要比任何人都悲观，你得思考万一公司的发展不乐观了，该怎么办？有没有更多的选择和出路？当公司发展得不好，你要比任何人都乐观，你就是支撑员工的那口气，你要是泄气了，公司就全完了。

因此，当老板很容易抑郁。我见过很多大老板都有抑郁症，某个身家百亿的老板跟我说，他晚上睡不着觉，成宿成宿地睡不着。很多人都不信，觉得你那么有钱，怎么可能睡不着觉？我代入他的角色想了一下，如果我也像他那样，每个月有几万名员工的工资要发，背后是几万个家庭，那得是多大的责任，我想我也会睡不着觉。

第六点，深思熟虑后再当老板。

有不少人对前途很迷茫，不知道该工作还是该创业，对这些人来说，我的建议是：千万别选择创业，不要为了创业而创业。一旦创业，你必须要对未来的方向很清晰、很明确，如果你迷茫，全公司跟着你一起迷茫。创业可不是闹着玩的，盲目创业是不负责任的。无论决策正确还是错误，你都能够承担后果时，再考虑当老板。

第七点，要有 B 计划。

公司的业务中，尤其是一些重要工作，不能只有某个人可以干，其他人干不了，即便这个人对你忠心耿耿，永远都不会离职，但你不能保证他不生病。如果他生病了，难道公司要瘫痪吗？

那些大公司是怎么运作的呢？每个员工只负责一小部分的工作，他们就像是一个个螺丝钉。大公司的不可替代性，就在于每一个员工的可替代性，今天有人离职了，明天新来一个人马上就能顶上。

那么小公司该怎么办呢？我的建议是，让某一个人熟悉所有业务，哪个地方缺人了，他可以随时顶上。

谁会真的希望你好？

随着成长，我们会慢慢发现，没多少人真正希望你好，即便对方是十多年的老友或有血缘关系的亲戚。老一辈的人会说，有事要找知根知底的人，找亲朋好友帮忙，他们是自己人，不会害你，会希望你过得好。在我看来，这句话截然相反，越是亲朋好友，越想看你的笑话，反而是那些抱着获取某种目的的合作伙伴，他肯定希望你好，因为你越好，他越能沾光。换句话说，可能真正跟你有利益关系的人才会真心希望你好。

很多人遇到糟心事儿，都想跟亲朋好友倾诉一下，觉得说出来了就能舒服点儿。实际上，99% 的人都在看你的笑话，而不是设身处地地替你着想。当你每次找他们倾诉时，说“帮我保密”，对方转头就告诉其他人了，还要装模作样地说一句“别跟别人说啊”。如果你真想保密，就谁都别说，你连自己都管不住，凭什么要求别人能管住他们的嘴呢？

任何事只要你告诉别人了，就要做好被传出去的准备。传出去之后，你觉得别人会理解你的痛苦和难处吗？不会的，很多人都在等着看笑话，哪怕他们是你所谓的朋友，所谓的亲戚。

你会想，总得有人能理解我、关心我吧？有啊，比如父母、真正关心你的朋友、爱你的伴侣。但是和他们说有用吗？没有用。如果他们有办法，你也就不会苦闷得无法排遣了。明知道他们没有办法，你告诉他们，反而会让他们因为担心你而睡不着觉。

有些人遇到一点痛苦就到处说，他希望发泄自己的情绪，博得他人的同情。但同样的，这种做法只会让别人觉得你是一个负能量满满、只会抱怨的人，从而远离你、孤立你，对你造成进一步的伤害。作为一个成年人，要具备一种能力，就是能独立消化痛苦。

怎么能消化痛苦呢？我觉得一个比较好的办法就是**暂时遗忘**。丢掉跟这件事有关的各种物件，把它们从你的眼前清除，眼不见心不烦，让自己忙起来，把自己强行从不好的记忆里摘出来。时间能抹平一切，慢慢地，你想起来的次数就会越来越少，可能很快就走出来了。

另外，请**尽量对自己、对他人展示积极正向的一面**。强者恒强，弱者恒弱，你越是表现得积极正向，你收获的反馈也是积极的；如果你每天都在抱怨，宣泄负面的情绪，你遇到的事也往往会充满坎坷，并且很难满足。

总之，不管你正处于顺境，还是在逆境中苦苦支撑，都要有一颗强大的心，积极正面地处理问题，你的生活一定会越来越好。即使今天还不够好，明天也能变好，明天不好，后天也能变好，早晚都能变好。

第五阶 婚姻

亏妻百财不入，亏心天地不容

古人讲，先成家后立业，
我见过的很多成功人士都有非常稳定的家庭关系，
反倒是那些事业稍微有点起色，
就轻浮张扬惹出各色花边新闻的人，
最后都是赔了夫人又折兵。

找什么样的人共度一生

该找一个怎样的人共度一生呢？谈到这个话题时，很多人会说“我想找一个我爱的”，也有人说“我想找一个爱我的”。那么什么叫爱你的呢？给你花钱叫爱你，不给你花钱叫不爱你吗？给你制造浪漫叫爱你，不给你制造浪漫叫不爱你吗？听你的话叫爱你，不听你的话叫不爱你吗？

爱是一个太过抽象的东西，我们不能用具体的事件去诠释什么叫爱，所以用爱或不爱去衡量对方是否能成为终身伴侣，是非常难的。不明白这一点的人，可能会因为两个人爱得轰轰烈烈，一冲动就结婚了。当然，有些人很幸运，婚后能一直幸福，但是还有很多人因为太过草率而得到了一段非常悲惨的婚姻。

为什么会这样呢？当两个人谈恋爱的时候，不能光看两个人热恋的时候是什么样，而是要看两个人争吵时他会做什么。关系好的时候，他给你买花，接你上下班，给你做早餐，还给你制造惊喜和浪漫……你觉得他对我太好了，我必须得跟他结婚。但这些行为一点也不影响他婚后出轨、家暴。第一次犯错他还会给你道歉，跪在地上一边哭得撕心裂肺，一边扇自己的嘴巴，还用血写保证书，发誓下次再也不敢了。但下次呢？他照样出轨，照样家暴，甚至不加掩饰。

所以，该找一个什么样的人结婚呢？

第一点，情绪管理非常好的人。这是基本，也是保障。如果你找的另一半是个情绪管理特别好的人，即便你过得谈不上特别幸福，但起码不会很悲惨。

第二点，具备解决冲突的能力。婚后两个人一定会有矛盾产生，这个时候，就要看谁能让一步，如果两个人都针尖对麦芒的，那日子也过不好。你得知道自己是个什么样的人，才能找到合适的对象。如果你就是个眼里揉不得沙子的人，你再找一个压根不懂得包容的人，两个人可不是就得三天一大吵，两天一小吵吗？还有一点，遇见一个“天生一对”似的另一半非常困难，我们几乎遇不到所谓的灵魂伴侣，而是通过长时间的磨合才能有默契。这就好比穿鞋，你刚穿的新鞋特别好看，但你穿得舒不舒服只有自己知道，只有穿得时间长了，脚和鞋子磨合好了，才能又好看又舒服。所以我不太赞同闪婚，尽可能地多相处一段时间，多磨合一下。

第三点就是老生常谈了。尽管现在很多人都在反对，但我坚持认为，**门当户对很重要**，但这里所谓的“门当户对”不是指经济条件，而是综合了家庭、学历、眼界、三观等。比如，你是一个名校毕业的女孩子，家里很富裕，但你偏要找一个没上过学还欠一堆债的小混混，婚后能幸福吗？别说还真有这样的傻姑娘，而且数量还不少。旁人见了都得猛拍大腿，在心里说这个小姑娘真是“恋爱脑”。尽管她平时看起来可机灵了，等她谈恋爱了，脑子里都跟糨糊似的。

除此之外，家庭是否和睦也很重要，对方的父母都是和善的人，那么这个孩子也不会太差，正所谓，积善之家必有余庆。如果对方的家人都牙尖嘴利的，无理也能搅三分，那他们婚后的生活大概率也不会好过。

我曾经说过，找伴侣的时候，要去看看对方的父母。男性会和他的父亲一模一样，女性会和她的母亲一模一样。有些人反驳我，说自己和父母完全不一样。那是因为你忘了他们年轻的时候是什么样子。你看看你妈妈现在的样子像不像你记忆中的姥姥？你爸爸现在的样子和你记忆中的爷爷像不像？

最后一点是找对象要趁早。时间越早，你能挑选到优质对象的概率就大，也有足够的时间去检验对方到底适不适合。还浪费得起时间，有更多的试错空间，但年龄越大，时间越浪费不起。

有的人就想单身过一辈子，这当然可以啊。但有一点要搞明白，主动单身和被动单身不一样。一个人如果认为自己不适合婚姻，打定主意要一个人过一辈子，那也无可厚非。但如果一个人并不想独自过一辈子，只是一时找不着合适的对象，越往后拖越找不着，越找不着越不敢尝试，以为实在找不到了，只能退而求其次地选择单身一辈子，妥协之后是不好过的。

我的初衷不是让人“恐婚”，更不是让人草率地结婚，而是希望每个人都能找到过得幸福的方法。

不要美化未选择的路

前段时间，我在网上看到一段视频：有一个小姑娘被妈妈催婚，她让妈妈说出结婚的三个好处，结果这位妈妈沉吟了半天说不出来。后来，这个话题演变成街头采访，主持人随机采访路人，让他们说出结婚的三个好处。不出意外，被采访者基本也都答不出来。

这个事件带给我不少思考。结婚真的有百害而无一利吗？也不尽然。我们也曾看见过那些白头到老的老两口，在临终之时握着彼此的手，相约着下辈子还要一起过。我也曾经想过，如果穿越回十年前，我是否还会选择跟我媳妇结婚。答案是肯定的。如果你一定要问为什么，我会回答，因为我媳妇比较笨，离开了我，我担心她生活不能自理。

我在短视频账号上发布过我带着媳妇去马尔代夫度假的视频，点赞量还挺高。有一个粉丝留言评论说，于同学的媳妇这辈子“赢麻”了。我媳妇看到后还问我，我是赢了吗？

说实话，早些年我媳妇跟着我没少吃苦。比如度蜜月，现在有很多去三亚度蜜月的新婚夫妇，我俩结婚时哪有这样的条件？我们虽然去了趟三亚，但是特意挑淡季去的，一共也就花了几千块钱。那时候是真没钱啊。当时我的退伍费有二十万左右，加上我一年半的工资有十几万，再加上结婚时收的礼金将近二十万，除去结婚花掉的，剩下的钱都用在我出国留学上了。那时候觉得我都被学校录取了，出国留学不是挺正常的吗？我媳妇也觉得挺正常的，但现在想想其实是不对的。

我有时候会跟好兄弟说，你过来跟我干，我保证你们赚得比现在多。但他们就会考虑很多现实问题，最典型的就是要和媳妇两地分居，该怎么平衡生活上的各种矛盾。我出国留学那会儿，完全没想到过这些，多亏我媳妇的性格好，从来也没挑过理，确实是我不占理。所以在创业之后，我把赚的钱都交给我媳妇，她想买什么东西，要做什么项目，充值什么卡，无论怎么消费都随她。我根本不在乎她花多少钱，她就算把钱全都花光了，大不了我重新赚。我在乎的是她，不是钱。

如果要问我对还没结婚的人有什么建议，我想大概有两条。

第一条，不要过度美化你没走过的那条路。这句话很有警醒意义，比如当你看到谁嫁得好，谁娶得好，谁攀上了高枝，谁换工作之后工作又轻松赚钱又多时，你不羡慕吗？肯定会羡慕，但是你觉得他们一定快乐吗？

人间非乐土，各有各的苦。假如你去真切地了解他们的生活，你就会知道他们活得也未必有你快乐，总羡慕别人只会徒增烦恼。有句话怎么说来着？没结婚的人羡慕结婚的人，结婚的人羡慕没结婚的人，有孩子的人羡慕没孩子的人，没孩子的人羡慕有孩子的人。还是那句话，不要过度美化你没走过的那条路，别人选择的未必有你的选择好。

第二条，沉没成本不参与重大决策。这句话解决了我生活中的大部分烦恼。

什么是沉没成本？比如，你跟一个男人谈了五年恋爱，结婚之前你发现他赌博，此时你还要不要跟他结婚呢？如果站在第三方或上帝视角来看，答案肯定是不结婚。但如果这件不幸的事情落到你的身上，你该怎么办？这是一个非常残酷也非常现实的问题。临门一脚时发现对方的恶习，忍痛选择放手吧，你肯定会忍不住想，这五年的时间、精力、青春、金钱还能回来吗？无论怎样，这些东西都不可能回来了。这代表什么？代表已经付出过了，沉没成本已经淹没到海平面以下了，就不能再多做考虑了，纵然再不舍也只得放手让它随风而去了。

此时，你的出发点就只有一个，那就是向前看了。否则，你将会付出更加沉重的代价！

亏妻者百财不入

我做过一期视频，叫“亏妻者百财不入”。

有人评论说，有的人找“小三”“小四”，日子照样过得风生水起，所以不相信这一套。

但天道轮回，报应不爽，不是不报，时候未到。有人说，男人有钱就变坏。其实不是这样的，一个男人坏不坏跟他有没有钱没有必然关系，很多男人没有钱他也坏，只不过当他有钱、有权之后，可操作的空间更大了，即便他不主动勾搭别人，也会有人主动靠过来。这个考验对很多人来说，确实很难。

但我们要明白一个道理，**这个世界上什么事情都是**

等价交换的。我忍不住劝诫那些在婚姻里不守规矩的男人，千万不可一失足成千古恨。古语叫“红粉骷髅”，那是糖衣炮弹啊。那些有“小三”“小四”的男人，可能都觉得对方不过是个初出茅庐的小姑娘，好拿捏，易掌控。但人家年纪轻轻的为什么要跟着你呢？人家图你什么呢？

这都值得深思啊！

两人刚相识的时候，小姑娘可能觉得男人成熟、有魅力，确实有一层光环，但时间长了，人家知道这个男人不过是图自己年轻，长得漂亮，色衰而爱驰，那以后她要是不漂亮、不年轻了怎么办啊？

于是，小姑娘自然就得争名分、争钱了，把感情变成合情合理的等价交换。因为她跟你的媳妇不一样，你跟你媳妇是命运共同体，一荣俱荣，一损俱损。人家小姑娘跟你可不是共同体，这种案例在新闻上还见得还少吗？

不少演员因为男女关系问题导致事业都毁了。你说他不后悔吗？他肯定后悔。但后悔有什么用呢？自己算不明，拎不清，又有什么办法呢，做了什么事，就要承担什么后果。

老话讲，“孝字论心不论事，论事千年无孝子，色字论事不论心，论心万古无完人”。意思是说，论孝顺，得看这个人有没有孝心，不能看他做了什么事，因为谁都有过不太孝顺的行为，比如跟父母顶嘴，长时间没回家看望父母，要论事就没有孝子了，所以，论孝顺，还得看孩子有没有孝心。

色字就不一样了。色字论事不论心，是说一个人好不好色，得看他干了什么事，如果一个人心里动了不好的念头，比如看见长得好看的人，回头瞅两眼其实没什么，但是你不能去做过分的事。如果论心来看，那就万古无完人了。

我认为，有了钱给媳妇花真是再好不过。如果两个人实在过不下去了，那就离婚，把该分的财产公平地分配好，再去追求自己的新欢。如果你既舍不得分财产，又想去找新欢，那怎么可能不东窗事发呢？这给很多人敲响了警钟，老话说，“亏妻则百财不入”，能传下来老话绝对是有道理的。

我见过很多事业成功的男士，他们出门应酬时带的都是原配。两个人都五六十岁的样子，因为年龄大了，女士的脸上明显有做美容或医美的痕迹，穿得雍容华贵，虽然能看出来没少在脸上花钱，两口子走出去多有底气。也有些人陡然乍富，明明有媳妇在家，孩子也不小了，四五十岁的人了，天天领个二十多岁的小姑娘在身边。这种人就算混得再厉害，我也看不上，一个连自己的欲望都控制不住的人，还能成就什么了不起的大事？

所以我想对各位男同胞说，随着年龄增长，事业一步一步地有了起色，你一定要做好心理建设，要不别结婚，单身自由，无拘无束。如果你结婚了，就要对老婆孩子负起责任，老老实实地过好自己的日子，别搞那些七七八八的。这既是对家人负责，也是对自己负责，否则很容易折在里面，这都是前车之鉴。

结婚是件大事。有人说，婚姻是第二次投胎，是人生中唯一一次可以自己选择亲人的机会。结婚以后，伴侣就是你的至亲了。你们两个人是命运共同体，甚至夸张点说，他（她）是你生命的另一个部分，对自己的爱人不好，不就是对自己不好吗？

我认识的人里，两口子只要一起往一个方向努力的，日子都越过越好。刚开始也许会吃点苦，但终究是充满希望的。我曾经说过，我媳妇每个月花在自己身上的费用就有三四万元，乍一看觉得花得挺多，但要看怎么算。假如她没和我结婚，以她的学历和工作经历，出去上班一年肯定能赚三四十万元。我也听说过在北上广深上班的单身小姑娘的花销，她们不结婚，赚的钱都花在自己身上，购物、美容、培养兴趣爱好……看到我媳妇的花费和她们差不多，我觉得很高兴，结婚不是为了过更好的生活吗？如果结婚了就得越过越差，那真别怪很多人不想结婚，一个人赚钱，一个人花，多潇洒啊。

有些男人总是 PUA 自己的另一半，恨不得把她说得一文不值。这样很不可取。我非常相信我媳妇的能力，我认为她非常优秀，值得更好的一切。有的男性朋友甚至离谱地认为，媳妇离开了自己肯定过不好。说实话，如果真的因为生理因素，如患病、残疾，你虽然嘴上嫌弃但依然坚持照顾对方，那我会十分敬重你。但如果单纯靠贬低媳妇来寻找做丈夫的尊严，那恕我直言，你看不上你媳妇，就等于看不上你自己。

很多人说，女儿要富养，要我说，媳妇也该富养。有的朋友说，我没钱怎么做到富养？如果你有女儿，你月薪八千元就不富养了？还是月薪五千元就不富养了？说实话，有什么条件就创造什么环境，实在不行就努力，让家人过上更好的生活。我和我媳妇刚创业的时候也没钱，后来稍微赚了点钱，我就告诉媳妇，该花就花，别舍不得。没钱的时候，两个人吃苦可以，已经赚到钱了，为什么还要让人家吃苦呢？真的等到媳妇人老珠黄了，你又嫌她不好看，兜里有点钱了，你又去找年轻的，凭什么呢？

走南闯北这么多年，接触过许多人之后，我发现，**女人的贵气真的是养出来的**。如果天天在家让她带孩子、做饭、干活，出门的时候还要求她光鲜亮丽，上得厅堂，下得厨房。哪儿有那么好的事啊？综艺节目里，陈小春管农村的一位女性叫奶奶，结果发现那个“奶奶”竟然比陈小春的年龄还小，明星显得年轻不都是靠保养吗？在我家里，我负责赚钱养家，我媳妇负责貌美如花。等我们老了一起出门时，听到有人说，你看这女的真年轻，肯定是这老头儿有钱啊，我就心满意足了。

有个大哥教我一招，说出去跟人谈生意时，多观察对方的媳妇。如果对方媳妇的状态特别好，就说明他的家庭比较和谐，和这种人合作的成功概率就大。因为他能对媳妇好，起码说明他是个做事认真负责的人。我出去应酬都带着媳妇一起去，对方大都也都带着自己的媳妇赴宴。

我也见过稍微赚点钱后，就离好几次婚的，离一次婚可能是因为性格不合，能离好几次婚，人品肯定有点问题。这种人我肯定不会深交，他对媳妇都不好，对朋友、对你，能好吗？这是非常浅显的道理。

并肩前行，举案齐眉

前两天听我妈讲了个八卦，她同学的儿子的朋友，在外面做生意，挣了不少钱，女人在家当全职宝妈，结果查出男人在外面包养“小三”，还给“小三”租了房子，经常晚上过去住。但是，查完了能怎么办呢？有人说离婚，离婚了孩子怎么办？女人是家庭主妇，没有工作，现实问题根本无法解决。最后，男人回来道歉，声泪俱下地写个保证书，保证以后再也不犯错误了。然而，这有用吗？保证书能保证什么呢？半点用都没有，事后他该怎么样还是怎么样。

网上有很多人也十分苦恼，全职宝妈的出路在哪里？这是老大难的问题，谁都解决不了。网上有所谓的导师说，可以帮人支招的，99.99% 都是割韭菜的。在我看来，最好的办法是，从最开始就别当全职家庭主妇。

我媳妇生完孩子时，我就坚持不让她在家看孩子，让她出去参与社会活动。现在我大儿子白天上幼儿园，我俩晚上回去陪孩子玩，孩子的饮食起居则主要由我妈负责。在这里，我真诚地建议，如果父母能帮忙，尽量让父母帮帮忙，父母实在帮不了忙，宁可你出去工作，把每个月挣的钱用来雇保姆，也别天天自己在家看孩子。

女人在家带孩子有两个隐患，一是会跟社会脱节，二是必然有家庭矛盾。男人天天在外面，他不知道全职主妇在家会有多辛苦；全职主妇天天在家，也不知道男人在外面打拼有多艰辛。两个人的差距越来越大，势必会有矛盾。

我读完研究生后刚挣到钱，就拿给我媳妇做学费，让她也去读书。现在公司有一块业务，专门让我媳妇管理，必须得让她工作。

别看我媳妇天天笑呵呵的，她非常有主见，对自己也有要求——必须做白富美，不能当黄脸婆。另外，她的三观非常正，有时候我们参加酒局，难免会碰见个别人带着年轻小姑娘来参加。正常来说，我还会给他们留个面子，但我媳妇性子直，脸上就显出来了，还让我以后少搭理这些人，她的眼睛里可容不下沙子。

不管出去跟谁吃饭，到哪儿我都带着我媳妇。我想让她多看看这个世界的样子，世界可能不全是美好的，也不可能全是丑恶的。所以，**两个人必须得并肩前行，举案齐眉，尽量不要把自己陷入死胡同里，委曲求全**，也不用担心孩子以后教育不好，他们有自己的成长路径，更应该去实现自己的人生价值，让自己过得更快乐一点，更有意思一点。

这也是我跟我媳妇在一起十年，看遍悲欢离合、鸡毛蒜皮之后，总结出来的一些看法和经验，希望和所有家庭一起分享。

给未婚的人一句忠告

我跟我媳妇结婚比较早，我俩十八九岁认识，二十三岁结婚，到现在已经结婚五年了，也有了两个非常可爱的宝贝儿子，我是非常能站在当代年轻人的角度去谈论婚姻这个问题的。

我们先把这个大问题，分化成四个小问题——什么时候该结婚？该找什么样的人结婚？结婚之前需要做哪些准备？结婚给生活带来哪些变化？

第一点，找对象的时间要早一点。

因为时间越早，就代表着可选择的机会越多，试错成本越低。假如你二十岁出头就找到了恋爱对象，谈了两三年后发现真的不适合，还可以换一个人重新开始。等到三十岁出头再找，谈了两三年后发现不合适，想要再重新开始，时间成本就太高了。而且年轻的时候，别人能从你身上看到一个东西——潜力。虽然你二十多岁时什么都没有，也许正好碰见一个姑娘，她觉得你以后能行，就像我当年娶我媳妇似的。但是你不能三十多岁了还是什么都没有，那样有哪个女人会觉得你能托付终身呢？

第二个问题，找对象要在意什么？

最核心的是要看合不合适。家庭环境、生活圈子、事业能不能相互兼容。每一个人都是独立的个体，所以这种兼容是非常困难的。解决这个问题的好方法是什么呢？对等。家庭条件差不多，学历差不多，生活的圈子和自身的条件都差不多。古代讲究门当户对，这其实很重要，但这些都是外在的条件，而我们还要看一些内在的条件。我认为首先要看的是责任心，要看这个人是不是对自己负责，是不是对身边的人负责？而看一个人要通过长时间的判断，不能只看两个人你侬我侬的时候他什么样子，而是要看你跟他产生矛盾的时候，他是什么样子。毕竟与人相处，要看人性的最低处。

第三个问题，结婚之前需要做哪些准备？

我建议结婚之前，两个人先在一起生活一段时间，这样能提前发现很多问题，进一步了解两个人是否能够顺利磨合。另外，婚姻确实需要一定的物质基础。当两个人谈恋爱时，你可以不在乎对方有没有钱，但是结婚后如果没有一定的经济基础做保障，那么很多意想不到的现实烦恼就会找上门来，到那时你才恍然大悟，明白有情饮不了水饱，但为时晚矣！除此之外，还要了解对方的家人，比如父母。可能有的人会说，了解对方的父母有什么用？我是跟他结婚，又不是跟他的父母结婚。这种想法可就错了，当你看见对方的父亲时，你就能知道你老公二十年之后的模样，而你的老婆二十年后大概率也跟你丈母娘一模一样。

第四个问题，婚姻给生活带来了哪些改变？

最大的变化就是稳定。

很多人不结婚，想再谈几段恋爱，但很快他就会发现，每次谈恋爱的过程都差不多，不过是一遍遍经历着从相识到相爱，从相恋到热恋，到最后分离的过程。不同的是每次的人不一样了。这就看你到底想要什么了，你是喜欢和不同的人做同样的事，还是喜欢和同一个人做不同的事了。

我觉得一桩好的婚姻能给生活和事业提供很大的帮助。古人讲，先成家后立业，我见过的很多成功人士都有非常稳定的家庭关系，反倒是那些事业稍微有点起色，就轻浮张扬惹出各色花边新闻的人，最后都是赔了夫人又折兵。

一段不好的婚姻对生活的影响是毁灭性的，所以很多人选择不结婚也能够理解。但无论如何，我们要始终对未来充满希望，万一能碰见与我们十分契合的人呢？

这些都是肺腑之言。

重点培养孩子的内在品质

结婚多年，我已经有两个儿子，马上第三个孩子就要出生了，所以常常有人来问我，未来对孩子的教育规划。

从我的角度来讲，我会把八成甚至九成以上的精力，放在培养孩子的综合能力上。比如，不断学习的能力，与他人沟通的能力，调整自身心态的能力，充分的道德观念和伦理意识，以及批判性思维和解决问题的能力。我认为这些能力对他们的帮助要远远大于我们耗费大量的精力去培养他们对知识的记忆和重复的能力。

教育是有延迟性的。现在我们教给孩子的知识和技能，可能要在十年、二十年之后才能用到，但这个世界变化太快了。你刚学会BB机维修，厂商生产出手机了；你刚研究明白手机怎么使用，市场上又推出智能手机了；你苦学了三年塞班系统，结果塞班系统被淘汰了。这个世界上唯一不变的就是变化本身。我坚定地认为，新的时代要来了，我们将会用很短的时间去拥抱人工智能。就像五年前，人们还不知道抖音，十年前，不知道智能手机，二十年前，不知道互联网，你可以不知道、不了解新鲜事物，但是你阻止不了它改变世界。

那天，看到OpenAI（美国一家人工智能研究公司）的创始人萨姆·奥特曼的访谈，记者问，学生们想在AI时代幸存下来该具备什么技能。是的，记者用的就是survive这个单词——幸存，而山姆·奥特曼的回答是，它并不是一个生存问题，而是人类即将进入有史以来的最黄金时期，即科技与商业发展的最黄金时期，学生们需要掌握的是深度使用工具的能力，和与变化一同前进的能力，对事物发展的走向有非常强烈的直觉，并知道如何利用它快速学习的能力，以及不断适应它的能力。

对我来说，我对孩子的培养理念是：我不希望他们成为一个工作机器，不论今后是贫穷还是富有，他们都要安心于真实的生活，拥有简单的快乐。在此基础上，具备一定的社会生存能力。

要说到具体的内在品质培养，我想大概也无外乎以下几点。

第一是懂规矩。在家要守家里的规矩，在外面要守外面的规矩。在家里，要尊重太奶奶、爷爷奶奶以及爸爸妈妈。等他们稍微长大一点，我会带他们进行一些体育运动，篮球也行，足球也行，目的是让他们在运动中慢慢理解规则的含义。

第二是感恩。我不希望从他们嘴里说出“为什么别人都有，就我没有”的话，而是希望他们能说出“为什么我们有，别的小孩却没有”。我希望他们知道，他们应该感恩所拥有的一切，而不是去羡慕别人拥有什么。

第三，我会教给他们多给予，而不是多索取。听过世上最美的一句祈祷词是一个四岁的小女孩拜菩萨的时候说的，世人都向菩萨求官运亨通、求财源广进，唯独一个小女孩说出愿菩萨身体健康。我希望他们也能保持这颗初心。

第四，我会教他们读书，读历史或传记。有句话是这么说的，“携书如历三千世，无书唯度一平生”，读书并不一定能够马上帮他们解决现实中的问题，但会更好地帮他们理解和思考人生。

第五，我会教他们有责任心。要知道自己的所作所为都要由自己或父母来承担责任，我也希望他们能在有人监督和无人监督时保持行为一致。古人讲，君子慎独，如兰生幽谷，舟行江海，无人也始终如一。

第六，我希望他们能做一个对社会有用的人。他们要拥有一技之长，将来可以当农民，做修水管的工人，当明星，当运动员，只要是他们喜欢并热爱的行业，我都支持。

第七，我希望他们能学会如何交朋友，要认识很多的朋友，并且善于与人沟通。这会让他们的一生都过得快乐和充实。

第八，做人比学习更重要，我不奢求他们有多好的学习成绩，但一定要好好做人。《弟子规》里讲："首孝悌，次谨信。泛爱众，而亲仁。有余力。则学文。"他们一定要懂得孝顺，做事谨慎，讲诚信，要博爱，亲善仁慈，有余力再去学习文化知识。我不希望他们从小像个神童似的，可以背诵多少篇古诗文，在我看来，除了做表演以外，没有任何用处，我更希望孩子们在待人接物时有礼貌、知进退。

最后，要让他们知道，这个世界上有很多坏人，有他们难以想象的恶。**我希望我的孩子们能多经历一些苦难，能经受住风雨的洗礼**。

号外

观察

小于说事

真正的成熟是你看过这人世间的冷暖之后，

仍然知道什么是对的，什么是错的，能够不忘初心。

罗曼·罗兰曾经说过，世界上只有一种真正的英雄主义，

是在看清生活的真相后，依然热爱生活。

抖音是否布局外卖

有段时间，抖音布局外卖的新闻甚嚣尘上，一时间，激起了网友极大的好奇心。也有很多朋友对此特别感兴趣，我大致归纳总结了一下，无外乎这三个问题。

抖音会不会布局外卖？

抖音布局外卖的话，能不能做成？

我们普通人能不能从中找到赚钱的机会？

对以上三个问题，我给出的是三个肯定的答案。

抖音肯定会布局外卖，并且一定能做成功，普通人也一定能从中找到机会赚到钱。

接下来，我将三个问题放在一起分析，说说我为什么会做出肯定的判断。

首先，为什么我说抖音一定会布局外卖呢？我们每到一个陌生的地方，想知道附近有哪些美食，会去哪个平台搜呢？现在有很多人就会通过抖音搜索，即便你不主动搜，偶尔也能根据手机定位刷到附近的美食推荐。

当你刷到一家好吃的或评价特别高的店铺后，你会去哪个平台点外卖呢？大部分人会去美团、饿了么上点餐，经过几年的发展，这两大平台已经培养出了用户的行为习惯。站在抖音的角度，这种情况就像有个人开了一家非常受欢迎的烧烤店，店里每天的客流量非常大，但是这里却不卖啤酒，导致顾客们得去其他店铺买啤酒。抖音如果不做外卖平台，相当于流量我已经在做了，也已经获取了，但是这部分的收入（外卖平台抽成）却让其他平台收入囊中了。

有的网友说，没准抖音的格局大，会不会就是不打算做呢？不会的，它的格局再大，哪怕它把这部分的营收先赚到手，再捐出去做慈善，也不会白白放着这件事不去做的。这就是我对这个问题的看法。

再说抖音外卖这个事能不能做成？我觉得一定能做成，因为它对传统平台简直就是降维打击。

举个例子，就像网络游戏，我之前怎么都想不出能有什么比王者荣耀更吸引人，后来我发现了，答案是抖音。可能有人会问，一个是短视频平台，一个是网络游戏，这两者之间没有冲突啊。但站在流量的角度看，一个人每天的睡眠时间是八个小时，工作时间是八个小时，还剩下八个小时能娱乐。在这段时间里，我多刷一分钟短视频，就少玩一分钟游戏，所以你说能没有影响吗？一定有影响的。

但抖音对于其他软件来讲是降维打击，所以我觉得它一定会去做外卖平台，而且一定能成，但是为什么到现在还没有做呢？因为求稳。这件事已经是一定能做成的了，我们就要一次把它做成，因为一鼓作气，再而衰，三而竭，都已经是嘴边的肉了，就不能给丢了，直接一口全吃下去，所以一定要稳。

最后，再说普通人有没有机会？肯定有。

我刚开始做抖音电商的时候，还需要外挂第三方的链接，可以这么说，我是吃到这批抖音电商红利的人。现在，抖音电商发展得越来越好，它每涉及一个行业，就有着一大块红利，像美团当年刚开始做的时候，就有一大批站长挣到钱了，有些人挣得盆满钵满，那抖音开通了新功能——外卖，之后，不需要站长吗？一样需要。

这对商家的益处是什么？它抽成的点数低、宣传力度大。如果商家不会做，有代运营公司可以帮助你做。这些都是机会，并不局限于外卖行业，还有更多的行业可能会涉及。

流量是把双刃剑

2023年，淄博烧烤结结实实地火了一把，网上连续几天的热搜都是“要给淄博烧烤泼一盆冷水”，我觉得挺有道理。为什么这么说呢？听我慢慢说。

首先，**流量是一把双刃剑，做得好的地方会被无限放大，做得不好的地方也会被无限放大**。有段时间，网上出现了一则山东淄博私家车免费接人的新闻，一时间这种行为被网友大赞，但客观来讲，这个事情不能持续，也无法持续。私家车免费接送游客，这是个人行为，被大加曝光之后，就会被人们当成一种理所当然的免费服务。因为已经出现了让人感到气愤的新闻：有个人在直播间里介绍现在很多私家车都免费接送游客，一个出租车大姐反映说，有的游客上来就问她，打车是不是免费的？大姐说，我们是出租车，不是免费的。游客就说，我是外地来旅游的游客，人家都说山东人好客，我看你这个山东人也没那么好客啊……

无独有偶，还有游客到水果摊买车厘子，点名就要两元一斤的。话里话外的意思是，你必须卖给我两元一斤。水果摊老板特别纳闷，水果都是进的货，哪有两元钱一斤的车厘子啊？游客说，我大老远来的，难道卖给外地游客不应该便宜点吗？水果摊老板被闹得没辙了，只好按照进价卖给他了。结果临走时，这个游客还从店里掰了一根香蕉带走了。

还有令人更无语的一件事：有个外地游客去吃烧烤，因为没排上号竟然给老板跪地磕头。老板被吓得也赶紧跪下了，跟他对着磕头。老板为什么这样做呢？因为他害怕这件事被人发布到网上，一旦被恶意放大，到时候淄博热度被影响了，他就成了千古罪人。于是，很多当地人的神经都紧绷着，生怕得罪谁，生怕哪个地方做得不好被网友们传播了出去，给淄博丢脸。但要我说，就算你做得再好，碰见这样的顾客，又能有什么办法呢？

淄博文旅局说欢迎大家都去旅游，但来的人多了，难免鱼龙混杂，难免出现各种问题，有可能出现本地商家胡乱要价，也有可能发现游客过分挑剔。

山东人的性子直，也确实好客，你拿我当朋友，我也拿你当朋友，哪怕我多付出一点都无所谓，但话说回来了，没有欠谁的，没有应该的。

与其让各方都这么累，不如稍微降降温。所以，山东其他城市的领导都去淄博学习了，都希望游客能去山东的其他城市，潍坊也好，临沂也罢。就连淄博文旅局都发文称，希望游客能去山东的其他城市转转。

要知道，细水才能长流。你看 2023 年火了多少个地方，有一阵人们都去爬泰山，有一阵又宣传“青春没有售价，火车直达拉萨”，有一阵是云南泼水节……但这些热度都很难持续，过段时间就散了。用一句话来说，就是“打江山容易，守江山难”，火起来容易，一直火下去才难。

首先要做到的一点是，热度极高的时候不要超负荷运转，那样容易出问题。淄博文旅局为何会倡议游客去其他城市转转，相信背后有高人指点。我做自媒体这些年，身边出现一夜爆火和突然无人问津的案例太多了。想做成一个事，就必须要有平常心，用范仲淹的话说，“不以物喜，不以己悲”，但有些人今天火了，就飘得不行了，明天不火了，又开始陷入自我怀疑。

即便是谈恋爱，都有喜欢和不喜欢的时候，更何况是做自媒体呢？这个世界有一套独特的运行规律，坐车就要收费，尤其是正规的运营车。有些司机可能出于好心帮忙，那样运营车司机就会受到影响，就容易被不良游客道德绑架。

这让我想起了一个特别应景的典故——子贡赎人。

春秋时期，鲁国有一条法律，如果在其他国家看到鲁国人沦为奴隶，你可以为这些人赎身，帮他恢复自由，如此便可以从鲁国获得补偿和奖励。

孔子有个弟子叫子贡，他把人赎回来后却拒绝了国家的补偿。孔子说他做错了，理由是，子贡领取补偿并不会影响他的品行，但他不领取补偿的话，鲁国就再也不会有人会去替沦为奴隶的同胞赎身了。孔子为什么会这么说呢？因为子贡的行为，无形中把道德标准拉高了，鲁国君主表扬子贡后，别人就会觉得，我在其他国家替同胞赎身，如果回来找国家要补偿的话是不道德的。然而，有多少人能有子贡这样的财力呢？因此，他们以后遇见了沦为奴隶的鲁国人，就会视而不见。

有时候，尽管我们是好心做好事，却因为太好心，反而被人拿捏住了。所以我一直强调，**要有平常心，高峰也好，低谷也罢，都是好事。真正的成熟是你看过**

这人世间的冷暖之后，仍然知道什么是对的，什么是错的，能够不忘初心。罗曼·罗兰曾经说过，世界上只有一种真正的英雄主义，是在看清生活的真相后，依然热爱生活。

最后，希望淄博越来越好，不忘初心，方得始终。

世界是一个巨大的草台班子

最近老听到一句话："世界是一个巨大的草台班子。"什么意思呢？大概是说这个世界上很多东西并没有看起来那么高端，大部分人也没有你以为的那么厉害，很多行业都可以先进去再学习。

这句话的观点我是赞成的，也很符合我做事的原则：先占领再优化。但也有两点提醒：第一，哪怕是再小的草台班子，我们也要有勇气先站上去；第二，很多岗位我们可以先进去再学，但不能进去之后就不学了，我们可以觉得别人是草包，但不能把自己当个草包。

"世界是一个巨大的草台班子"，这句话可以缓解我们的焦虑，但是不能让我们失去敬畏之心。

韩寒曾经写过一篇文章，叫《我也曾对这种力量一无所知》，他在文中说自己台球打得不错，有一次有幸跟台球世界冠军潘晓婷打球，他觉得人家虽然是专业运动员，但他自己打得也不差，他想“凭借着我职业赛车练就的抗压能力，多年起起伏伏带来的强大心态，至少还是有一丝机会的”，于是信心满满地开了球，结果一整晚他都在开球。

在那篇文章里，韩寒还讲到了他踢足球的故事，他从小就是个足球爱好者，一度是校队主力，“护球很像梅西，射门很像贝利，曾经一度觉得可以去踢职业试试”。二十岁的时候，他曾组织了一帮球友挑战上海某职业球队的儿童预备队，对方都是五年级左右的学生，结果上半场他们就被那群小学生灌了 20∶0，其中韩寒只触球了一次。最后对方教练说怕影响小孩心智健康，把下半场取消了，其实是给韩寒那队留了面子。

从那以后，韩寒每次和朋友一起看球，看到某个职业队输了之后，身边朋友纷纷骂着说自己公司的球队上去也能把对方球队“灭掉”时，他说“我总是笑而不语，心中荡漾起二十岁那个下午，被小学生支配的恐惧。而我也曾对那种力量，一无所知”。

确实，世界上很多东西其实很简单，我们大部分人都能干，但是也有很多事情，我们要相信它的专业性，一般人是干不了的。而面对这些事情，当你是一个外人，离得很远去看的时候，你可能以为实现它很简单；但当你入了门，甚至在这个领域里越来越厉害了，你会发现要实现它有多难。

就像网友们为了让大家具象感知围棋世界冠军柯洁的围棋水平有多高，模仿柯洁的语气说了一段话：“如果你是个普通人，你会觉得柯洁是个普通人；如果你恰好会下一点围棋，或者下得不错，你会觉得我很厉害；如果你的围棋达到九段，那你见我如蚍蜉见苍天。”

所以，别管这个世界是不是巨大的草台班子，我们不要被一些修饰的东西遮住双眼，要敢去尝试，敢去折腾，但是勇敢不是鲁莽，我们要始终保持敬畏之心，充分尊重别人的成绩和别人的优秀。

尊重高人，才能成为高人。

好时候要来了，做好准备

这几年生意不好做，很多朋友都在关心，经济什么时候能好起来。我来阐述一下个人的拙见吧。我觉得三年到五年的时间里，经济一定会再次腾飞。人生发财靠“康波周期”，我觉得“康波周期”真的要来了。

首先，要知道一个概念，就是任何事情都是有周期和规律的，像美林时钟，它有复苏、过热、滞胀、衰退四个周期。古代讲，物极必反，否极泰来。每个时代都会应运而生几个弄潮儿。举个例子：一个时代的胶卷巨头“柯达胶卷”，这家企业随着摄像技术的发展而得到市场的认可，并逐渐成为一个全球性的企业。后来，柯达胶卷被哪家企业取代了呢？诺基亚通信有限公司。诺基亚通信有限公司在21世纪初期风头无两，后来随着智能手机的兴起，逐渐被美国的苹果公司所替代，从而渐渐衰退。

不过，至今为止，这两家公司并没有退出历史的舞台，它们的其他业务仍在发展，不过我认为属于它们的时代已经过去了。下个时代有下个时代的弄潮之人，有苹果公司、特斯拉公司，有许多中国市场的手机制造厂商，大口地吞食着市场份额。一鲸落而万物生，现在的弄潮之人是哪些企业呢？是那些互联网企业、手机制造商和汽车制造商。

但接下来，他们也要面临下一个时代或者说周期。不妨想象一下，十年前的苹果发布会是多么让人疯狂，让人着迷，它可以让人看到许多新鲜的东西。而现在的苹果发布会，几乎已经掀不起一点水花了。再看OpenAI的开发者大会能掀起多大水花？虽然我国和美国一直在科技上你追我赶，但我们不得不承认，他们在某些领域也确实有值得我们学习的地方，我们需要有这种心态。像《雪中悍刀行》中所写的那样，陈芝豹和徐凤年两个人可谓是一生劲敌，有人问徐凤年怎么评价陈芝豹？徐凤年说，陈芝豹视我如草包、草芥，我视陈芝豹文武无敌。高看你的对手，你才能更加强大。

为什么我觉得经济要好起来了呢？每一次工业革命或科技革命的影响都会波及全世界。已经出现的三次工业革命都伴随着新时代霸主的崛起。比如：第一次工业革命，让英国有了轮船、大炮，成就了“日不落帝国”；第二次工业革命，让德国、日本这些国家相继成为工业强国；第三次工业革命也叫第三次科技革命，美苏争霸，苏联解体，美国一家独大，形成一超多强的格局，支撑起了三美循环，即美军、美债、美元的三美循环。

接下来就是第四次科技革命，或者说，我们已经迈入了第四次科技革命。它也会让全世界发生天翻地覆的变化。其实，很多人现在并不知道第四次科技革命会给我们带来什么。就像之前我和一个成功的企业家前辈聊到的，九十年代初期时，他们已经赚到了不少钱，也听说了计算机、互联网等新兴的事物，但是他们花费了很长时间，实在想不出互联网到底能做什么，有人告诉他说，能打电话，那时候有大哥大；说它能看新闻，那时候有电视；说它能做广告，那时候有报纸……他们一帮企业家考虑了很久，都想不明白其中的名堂，所以最后就没有去投资它。谁又能想到，经过十几年的蓬勃发展，互联网能翻天覆地地改变人们的生活方式呢？超越时代的前瞻性，并非那么轻易就能拥有。只有马化腾、马云、张一鸣等为数不多的人，要么具有国际化视野，要么对时代和科技具有极其深刻的洞察力，他们能领先其他人看到时代的趋势，相信而且做到了。

同理，今天我在此断言，好时候要来了，要做好准备。我肯定相信，有人可能不信，**别着急，慢慢来，相信“相信”的力量。**

愿侠义精神被公正对待

2022年6月唐山出现一起轰动全国的烧烤店打人事件。几名男子寻衅滋事，对同在烧烤店用餐的几名年轻女子实施了暴力殴打，视频一经发布，迅速在网上掀起了轩然大波，肇事者行为之恶劣引发了广大网友的激愤，也引起了一大波讨论热潮。

很多网友问我说，如果当时你在场的话，会不会站出来?

我想我肯定会站出来，绝对不会袖手旁观，因为我见过比唐山烧烤店打人事件当事人更凶恶、施暴人数更多的场面，我也独自站出来了。毕竟我是个身高一米九，体重二百多斤的壮汉，还是学警卫出身的，我有信心制服他们几个乌合之众。但是你若问我，在那样的危险时刻站出来会不会后悔，这就得另说了。

记得有这么一个相似的例子：2015年，四川武校的一名学生小郭乘坐大巴车时遇到一个男子骚扰一位女乘客，女乘客向其他乘客求救，说："你们帮帮我，我不认识他。"在众目睽睽之下，这个男人没有得逞。然而，在到达泸州下车后，男子竟然还和女子拉扯着，见此情景，小郭和同学主动出手制止，用鞭腿攻击男子的头部，致其头部撞地，昏迷不醒。最终检察院判处小郭犯故意伤害罪，被判处有期徒刑两年半，缓刑三年，并附带民事赔偿十五万七千元。小郭认为自己仗义救人，被判刑很冤枉。但法院表示，纵观整个案件，虽然是由被害人的行为不当引起，但小郭身为专业习武人员，采取"以暴制暴"的方式也并不可取。最终见义勇为换来的是严厉的法律制裁。

这不禁让我设身处地地思考了一下，如果是我面对“唐山烧烤店打人事件”的九个人时，我是否有能力在不伤害他们的前提下制服他们？我还有其他选择吗？我会被他们伤害吗？无论有多少顾虑，在那一刻我还是会选择站出来。这种事情经历得多了，明知道自己有可能会后悔，但还是要选择那么做。

当然，对于那些在场却没站出来的人，我也能理解。我想如果当时是有人溺水了，或者出车祸了，我相信他们一定会义无反顾地去帮忙，但是为什么遇到这种情况，反而没人敢上前阻止呢？这是不是值得我们反思呢？

孟子说过，恻隐之心，仁之端也；羞恶之心，义之端也。

我当然希望，每个人都有侠义精神，但我更希望，侠义精神能被公正对待。

彩蛋

认识你之后，我从未期待过其他任何人。

你是归宿，不是风景，

只要我们俩在一起，这世间的一切都是最好的。

小公主和男保镖的故事

故事要从 2014 年说起。那一年，我认识了一个姑娘，她几乎从来不化妆，可我怎么看她怎么觉得舒服。后来，我们顺理成章地在一起了。那一年的暑假，我带她回了内蒙古，在我家院子里烧烤，我还带她去看草原，在草原上骑马，开车去兜风……那时候，我们都还年轻，怎么开心怎么玩。

那年秋天返回学校后，正好赶上我带学生军训，她每天都来看我，之后我带着她一起和军训的学生们吃了顿饭。在那之后的很长一段时间里，她就成了一个兢兢业业的小“军嫂”，几乎每周都会买好吃的给我送过来。

放寒假时，我们在长沙玩了几天，之后她跟我回东北过年，我带她去玩了东北的雪爬犁。喜欢一个人，就想把一年四季的美好都送给她，这样的日子持续到2017年。她隔着栅栏给我送饺子，我带她看了我们打的篮球赛，那时我是篮球队的队长。

毕业那年，她去广西玩，而我已经被分配到石家庄，她放弃了去国外工作的机会，跑到石家庄来陪我。后来，我因为一场意外受了伤，不得不选择退伍，在医院里住了半年，她除了工作，其他时间全都用来照顾我。再后来，我们又一起去北京打拼，周末我们到处跑，去很多地方拍照，给她买很多漂亮的衣服。

那年秋天，我又带她去了内蒙古，又回到所有故事开始的地方。那一刻，我突然觉得我们该结婚了，于是，我们回北京拍了婚纱照。那时候，我们没房子、没车、没事业，就那么简简单单地把婚结了，还去海南度了蜜月，从海南回来没多久她就怀孕了。

过了一年，老大就出生了，我给他取名于慎行，希望他谨慎行事。后来，老二也出生了，老二和我长得一模一样，谁看都说好看。那天，我们度过了在一起以来的第八个情人节。她像往常一样给我做了杯奶昔，又给我做了我最喜欢吃的早餐，中午去了沈阳一家比较好的西餐厅，没有玫瑰花，没有贵重的礼物，买了怕她心疼钱，只有吃到肚子里的才最实惠。这就是我们的情人节，平平淡淡，和别人没有什么区别，但陪伴才是最长情的告白，你我情深似海，你我恩重如山。

我遇见她那天太阳发金剑，白云映蓝天，春风吹动大地，泥土芬芳，人们的脸上带着欢笑，喜气洋洋，一切的美好似乎都是为了铺垫。那一天，一名坚定的无神论者竟然开始怀疑起宿命。

我想将世上所有的美好都给你，西拉木伦河蜿蜒流淌的水泊，马头琴悠扬的思念，长白山一脉冰凉刺骨的大雪和东北人滚烫的浪漫，湘西古城流传千年的情蛊和一生只能爱一人的传说，南海观自在的逍遥，和天涯海角的长命无绝衰，我只想和你在一起。

认识你之后，我从未期待过其他任何人。你是归宿，不是风景，只要我们俩在一起，这世间的一切都是最好的。我只想要安安稳稳地陪你过好日子，生两个大胖小子，柴米油盐酱醋茶，琴棋书画诗酒花，生活小事即文章，为人父母大修行，轰轰烈烈，一拍两散，平平淡淡，亘古绵长。

二十载旧日月风华正茂，八十年好春光写在心上，绿水青山促发展，硕果累累，改革风潮吹麦浪大步向前，我爱你，所以此刻我无比贪恋这人世间。

图书在版编目（CIP）数据

人生是旷野，不是轨道 / 于靖平著 . -- 南京 : 江苏凤凰文艺出版社，2024.6

ISBN 978-7-5594-8610-3

Ⅰ . ①人… Ⅱ . ①于… Ⅲ . ①随笔 - 作品集 - 中国 - 当代 Ⅳ . ① I267.1

中国国家版本馆 CIP 数据核字 (2024) 第 081415 号

人生是旷野，不是轨道

于靖平 著

责任编辑	王昕宁
特约编辑	杨　琴
装帧设计	王梦珂
责任印制	杨　丹
特约监制	杨　琴
出版发行	江苏凤凰文艺出版社
	南京市中央路 165 号，邮编：210009
网　　址	http://www.jswenyi.com
印　　刷	三河市兴博印务有限公司
开　　本	880 毫米 ×1230 毫米　1/32
印　　张	7
字　　数	138 千字
版　　次	2024 年 6 月第 1 版
印　　次	2024 年 6 月第 1 次印刷
书　　号	ISBN 978-7-5594-8610-3
定　　价	55.00 元